On pensait qu'il allait revenir

Serge Klarsfeld

On pensait qu'il allait revenir

récit

Flammarion/INA

Cet entretien, mené par Jean-Baptiste Péretié,
a eu lieu dans le cadre de la collection
« Mémoires de la Shoah », initiée par
la Fondation pour la Mémoire de la Shoah
et l'Institut national de l'audiovisuel, le 30 mars 2006.

Crédits des images : Toutes les photographies proviennent de la collection privée de Serge Klarsfeld.

ISBN : 978-2-0804-5335-8

Préface

La veille du discours historique de Jacques Chirac au vélodrome d'Hiver, le 16 juillet 1995, *Libération* a publié sur une double page l'article que j'avais préparé, sachant que le contenu du discours correspondait aux entretiens que nous avions eus pendant les deux décennies précédant ce discours, qui faisait suite aux ardentes polémiques entre son prédécesseur, François Mitterrand, et moi-même.

J'avais toujours plaidé que dans la tragédie vécue par les Juifs en France entre 1940 et 1944, il ne s'agissait pas de culpabiliser la République française ou d'accuser le peuple français, mais de demander à la France de reconnaître la part qu'elle avait prise dans le sort des Juifs par l'entremise de l'État français de Vichy.

Jacques Chirac acceptait notre vision d'une guerre civile entre deux France antagonistes, celle du général de Gaulle refusant la défaite et créant à Londres la France libre qui, en juin 1942, remportait son premier grand fait d'armes en retardant l'avance vers Tobrouk des chars de Rommel ; celle de Philippe Pétain s'appliquant à s'intégrer à l'ordre nouveau hitlérien le conduisant à décider l'arrestation par les forces de police françaises de dizaines de milliers de Juifs exigée par l'occupant allemand pour remplir ses convois de déportation.

Cette vision de deux France allait à l'encontre des prédécesseurs de Chirac qui n'en voyaient qu'une seule, celle de la France résistante et regroupée autour du général de Gaulle.

Pour nous, comme pour la majorité des Français, Pétain et de Gaulle incarnaient la France, l'un dans le mauvais choix du sens de l'Histoire, l'autre dans le bon choix.

Dans son discours, Jacques Chirac a dénoncé le choix détestable de Pétain et exalté celui de De Gaulle, et il a solennellement reconnu que ce jour-là, celui de la rafle du Vél' d'Hiv, « la France accomplissait l'irréparable » : les nations n'héritent pas seulement des actions positives menées par leurs dirigeants mais aussi des actions négatives qu'ils ont pu prendre ; la Seconde Guerre mondiale pour la France, ce n'est pas seulement Bir Hakeim en juin 1942, c'est également le Vél' d'Hiv en juillet 1942.

Cette portée du discours présidentiel a été très commentée, ce qui n'a pas été le cas du vibrant hommage rendu à l'ensemble des Français par Jacques Chirac, qui a toujours tenu dans chacune de ses interventions dans ce domaine à rappeler et à souligner, dans le droit fil de ma conclusion de *Vichy-Auschwitz...* [1], que si l'État français de Vichy avait participé à la perte d'un quart des Juifs de France, les Français, le peuple français, avaient été le principal facteur de la survie des trois quarts des Juifs de France. Et cette survie de 240 000 Juifs sur 320 000 a été absolument exceptionnelle en Europe. Seules des petites communautés, l'Italie (35 000 Juifs dont 8 000 déportés), la Bulgarie, le Danemark, la Norvège, peuvent se comparer à la proportion de Juifs survivants à la fin de la guerre, mais dans chacun de ces pays le nombre de Juifs était très faible par rapport aux 320 000 Juifs de France.

Nulle part non plus en Europe, pendant l'été 1942, la population ne s'est élevée en faveur des Juifs ailleurs qu'en France, alors que les chars

1. *Vichy-Auschwitz. Le rôle de Vichy dans la solution finale de la question juive en France, 1942*, Fayard, 1983.

de Rommel et ceux de Paulus fonçaient sur Stalingrad.

Les Français ont réagi parce que l'État français violait les traditions de la France chevaleresque et de la France des Lumières en ordonnant à son administration préfectorale et à sa police d'arrêter les familles juives en zone libre comme en zone occupée. Nourrie par l'instituteur et par le curé de valeurs républicaines et de valeurs chrétiennes, la population française était humaine et a rapidement compris en 1942 qu'à l'est de l'Europe les déportés juifs, enfants ou vieillards, étaient condamnés à disparaître. Les Français, les braves gens, ont tendu leurs mains aux Juifs en dépit du danger que représentait ce défi aux décrets de l'État et à la cruauté de l'occupant.

L'Histoire retiendra finalement et tardivement qu'en France, l'environnement humain a été déterminant dans la survie de 240 000 Juifs. On le constate clairement en plusieurs circonstances : le 2 septembre 1942, quand Laval, chef du gouvernement, déclare aux chefs SS que les lettres pastorales et l'opposition du primat des Gaules, Mgr Gerlier, l'empêchent d'accomplir le programme allemand, à savoir remplir un train par jour d'un millier de Juifs entre le 15 septembre et le 31 octobre 1942 ; le 23 septembre 1942, quand les chefs SS obligent la Gestapo à annuler à Paris une rafle de 5 000 notables juifs français et de leurs familles en raison des problèmes soulevés par Laval au cas où la rafle aurait lieu ; à l'été 1943, quand l'Église catholique recommande à Pétain de ne pas promulguer la loi dénaturalisant les dizaines de milliers de Juifs naturalisés après la loi du 10 août 1927 sous la menace de voir l'Église protester comme elle l'avait fait un an plus tôt.

Dans chaque témoignage de Juif qui n'a pas été déporté, le soutien des Français non juifs est mentionné. Isaac Schneersohn, fondateur du Centre de documentation juive contemporaine, qui deviendra le Mémorial de la Shoah, n'a cessé de déclarer après la Libération :

« Nous pouvons dire, d'après les pièces d'archives que nous avons rassemblées et chacun de nous, d'après nos expériences personnelles, que c'est le peuple de France qui a sauvé deux tiers des Juifs de France. Rares sont les Juifs, soit français, soit étrangers, qui n'aient trouvé des Français ayant accepté ou leur ayant spontanément offert de les cacher, de les aider à se sauver, eux ou leurs biens. Les Églises et les hommes de tous les partis y contribuaient sans condition…

Notre espoir et notre effort, à mes collaborateurs et à moi-même, sont que dans ce miroir, aussi fidèle que possible, sur documents authentiques, soit fixée la noble figure de la majorité du peuple de France en ces années tragiques.

Permettez-moi de rappeler la légende biblique : Dieu voulut bien sauver Sodome à condition qu'il s'y trouvât dix Justes. La réponse tardait, Dieu, en sa bonté, alla jusqu'à n'en réclamer qu'un.

Vichy ne réussit pas à faire de la France une Sodome. C'est tout un peuple de Justes qui s'est levé en sauveur des vies humaines et a sauvé les principes, l'honneur de la France. »

Sans doute le caractère implacable de la « solution finale », qui s'exprime à la fois par la très faible proportion de rescapés d'Auschwitz (moins de 5 %) et par l'immensité des pertes des grandes communautés juives du centre et de l'est de l'Europe, confronté au contraste du bilan français, a-t-il suscité une certaine incompréhension, d'autant que, jusqu'à la publication de notre *Mémorial*[1] en 1978, on estimait officiellement le nombre des victimes juives en France de 100 000 à 120 000. Nous avons rectifié les chiffres et s'est posée la question de savoir qui

1. Le *Mémorial de la déportation des Juifs de France*, publié en 1978, a été établi par Serge Klarsfeld et l'association des Fils et Filles des déportés juifs de France. Il présente les noms et les lieux d'arrestation des Juifs déportés de France durant la Seconde Guerre mondiale.

avait sauvé les Juifs : l'État français de Pétain ou le peuple français en soutien aux efforts individuels et collectifs des Juifs et des organisations juives ? La réponse n'est incontestablement pas du côté du gouvernement de collaboration. Rendons à nos compatriotes français non juifs ce que nous leur devons : les Français, l'Église et la société civile ont été à notre égard un peuple de Justes à partir du moment où ils ont compris qu'entre les mains des nazis les Juifs étaient voués à la mort.

Inlassablement expliquer, raconter, transmettre. Témoigner, comme je l'ai fait dans le cadre des grands entretiens organisés par l'INA avec le soutien de la Fondation pour la Mémoire de la Shoah en 2006, ce qui donne lieu aujourd'hui à ce livre, c'est continuer à faire vivre la mémoire de ceux qui, à l'image de mon père, sont morts en déportation ; c'est aussi faire vivre la mémoire de ceux qui ont survécu, à l'image de ma mère, ma sœur et moi-même, comme de ceux grâce à qui ils ont survécu.

Serge Klarsfeld

Une famille aisée, entre Roumanie et Bessarabie

Mon père et ma mère sont nés à peu près à cent kilomètres de distance. Mon père, Arno, en 1905 à Brăila, un port fluvial sur le Danube, important et très cosmopolite. Il était le benjamin de six enfants. À vingt ans, il parlait déjà huit langues. Son père était armateur, venu de Strij, en Pologne autrichienne. À ma connaissance, il avait trois frères. L'un est parti à New York, je crois, le deuxième à Pittsburgh et le troisième à Paris, quand lui est allé s'établir à Brăila où il a très bien réussi. Il a acheté la magnifique demeure d'un prince grec et a eu six enfants. Il est venu en France en 1924. Ma mère, Raïssa, elle, est arrivée en 1920 pour faire ses études à la Sorbonne. Elle est née en 1904 à Cahül, en Bessarabie, alors dans l'Empire russe, au sein d'une famille de planteurs de tabac. Mon grand-père maternel était pharmacien, il est mort jeune. Ma grand-mère s'est alors remariée avec un autre pharmacien, le seul de toute la région, qui, en même temps, achetait des grains et les revendait à des grandes firmes. Et d'ailleurs, du côté de mon père, mon autre grand-père transportait aussi des grains sur ses chalands. Mes parents se sont rencontrés rue de la Huchette à Paris, dans un dancing en 1928. Mon père avait fait ses études comme interne dans un établissement religieux catholique à Bucarest. Sa famille était juive assimilée. Entre eux, ce fut un coup de foudre. Ils se sont mariés quelques mois plus tard, en février 1929.

La famille de ma mère avait une histoire particulière. Ils avaient combattu contre les pogroms en Bessarabie, à Kishinev et à Cahül, qui se situaient juste sur la frontière entre Roumanie et Russie. Avec sa sœur aînée, elle a cherché une université et l'a trouvée à Odessa où elle avait terminé ses études secondaires. Mais la ville étant devenue révolutionnaire, elles sont parties à Prague, puis ma mère est allée à Giessen en Allemagne, puis à Padoue. Et finalement, elle a choisi Paris. Sa sœur est allée étudier à Varsovie pour devenir dentiste. C'était une famille aisée qui vivait bien. Les parents de ma mère passaient beaucoup de temps en Suisse ou sur la Côte d'Azur, mais elle retournait aussi les voir en Roumanie. Quand elle s'est mariée, elle a abandonné ses études de pharmacie, malheureusement pour elle. Mon père, lui, était un homme d'affaires. Par exemple, j'ai vu qu'il était, à vingt-cinq ans, officier du Nichan Iftikhar tunisien [1], il faisait des affaires certainement avec la Tunisie, ou il était plutôt dans les métaux ferreux. En gros, il était directeur commercial. Il avait à peine trente-quatre ans quand la guerre a commencé.

Mes parents se sont mariés à la mairie du 5e arrondissement de Paris. Ma sœur est née à Paris en novembre 1931, déclarée de nationalité française, et moi à Bucarest le 17 septembre 1935 pendant les vacances de ma mère dans la famille de mon père, puisque je suis né avant terme. Dans ma première année, je sais que je n'ai pas vu mon père. Je suis resté dans la ville d'origine de ma mère. Pour elle, c'était plus facile avec deux enfants en bas âge d'être à Cahül… À Cahül, il y avait sa famille, des domestiques. Ma langue maternelle, au fond, c'est le russe. Le français est ma langue paternelle, si on veut.

Fin 1936, début 1937, ma mère est revenue à Paris. Mon père y était resté et, puisqu'il faut dire

---

1. Le Nichan Iftikhar était un ordre honorifique tunisien attribué en récompense de services civils ou militaires à des ressortissants tunisiens ou étrangers.

la vérité, pendant ce temps-là, il avait eu quelques aventures. Il était fort bel homme. Et ma mère disait toujours pour l'excuser que, quand il entrait quelque part, les femmes se précipitaient sur lui. C'est une sorte de don dont mon fils a hérité, d'ailleurs. Moi, je suis passé au travers, mais… comment dire… j'ai eu la grande surprise, même un peu la joie, je dirais, il y a une dizaine d'années de me découvrir deux demi-frères. Ils se sont présentés à moi, dans une association que je préside, où les gens ont perdu beaucoup de frères, de sœurs, et recherchent inconsciemment, désespérément, de la famille. Je suis le seul à avoir trouvé deux frères, deux demi-frères. On voit l'attachement que ces femmes ont eu pour mon père, parce que l'une d'elles a appelé son fils Arnaud, et l'autre a un petit-fils qui se prénomme Arno aussi. Donc, mon père se perpétue à travers le temps.

Insouciants à Paris

Je ne sais pas pourquoi mes parents ont choisi de s'installer en France. Je pense que la France était intéressante pour de jeunes Juifs cosmopolites qui avaient de l'argent. Ma mère a vécu à Berlin pendant un an, par exemple, après sa première année en Sorbonne. Elle a bien aimé d'ailleurs, mais a préféré Paris. En ce temps-là, Paris était le lieu de rendez-vous de toute la jeunesse européenne de l'Est. Ma mère a fait l'ouverture de La Coupole, la brasserie du Tout-Paris de l'époque ; elle allait dans les cafés de Montparnasse. Je crois qu'ils étaient insouciants et que Paris était la première ville d'Europe. En plus, à Berlin il y avait peut-être des signes inquiétants, des mouvements politiques… Je crois que mes parents n'étaient pas du tout plongés dans la politique. Mon père a réagi comme beaucoup de Juifs qui ne l'étaient pas non plus, qui voulaient tout simplement vivre. Je ne crois pas qu'ils aient choisi la France parce que c'était le pays des droits de l'homme, de la liberté. Comme ils étaient des privilégiés, ça ne comptait pas de la même manière que pour des prolétaires. Cela dit, quand on était un prolétaire dans les années 1930, on mourait de faim, et la liberté avait moins de sens que le travail. Les chômeurs étaient condamnés à la famine quand ils n'avaient pas derrière eux quelqu'un pour les épauler. Pour en revenir à mes parents, ils étaient avant tout insouciants. Et Paris était une ville sans soucis particuliers.

Mais ils ont compris quand la guerre a éclaté… Beaucoup de Juifs se sont portés volontaires pour combattre le nazisme. Il y avait des campagnes pour cela, mais mon père n'y a pas participé. Je n'en ai aucune trace en tout cas, et ma mère ne m'a jamais dit que mon père était militant. Il ne l'était pas du tout, à mon avis. Mais quand le danger s'est fait sentir, il s'est tout de suite engagé volontaire. Et son neveu, Willy, qui était à Paris aussi, s'est engagé volontaire avec lui. Ils ont été incorporés dans le 22e régiment de marche des volontaires étrangers au sein de la Légion étrangère. Willy a été tué dans la bataille de la Somme dans les combats des 5 et 6 janvier 1940, et a été décoré de la médaille militaire à titre posthume par Vichy.

Mes parents ont été les seuls de leur famille respective, à l'époque, à venir vivre en France. Mon père avait des neveux qui sont par la suite venus étudier à Paris, dont Willy notamment qui s'y est marié avant de mourir. Le deuxième qui était plus jeune, on l'appelait Loulou, a été rapatrié dans son pays dès la déclaration de guerre par mon père, qui l'a mis dans le train pour la Roumanie. Toute la famille de mon père a survécu. Les parents de ma mère aussi parce qu'ils étaient à Bucarest et que les Juifs de la Roumanie historique [1] n'ont pas été mis à mort, même si le dictateur de l'époque, Ion Antonescu [2], avait prévu de les livrer aux Allemands. Par suite de certaines circonstances, il n'a pas mené son plan à terme. Et ce sont les Juifs de Bessarabie et ceux de Bucovine qui ont été tués. À ce moment-là, mes grands-parents maternels

1. La Roumanie historique, en l'espèce, comprenait à sa création comme État en 1859 la Valachie et la Moldavie. Après le traité de 1812, la Russie a obtenu les terres situées entre les fleuves Dniestr et Prut alors nommées Bessarabie.

2. Ion Antonescu (1882-1946) est à la tête d'un gouvernement d'extrême droite en Roumanie de 1940 à 1944. Il a rallié la Roumanie aux forces de l'Axe, et engagé son armée contre l'URSS. Il est jugé, condamné à mort et exécuté en juin 1946.

n'étaient plus en Bessarabie, mais à Bucarest. C'est pour ça que la famille a été épargnée.

La sœur de ma mère, avec qui elle était arrivée en France, est repartie et ma mère est restée, seule. Elle avait seize ans, j'ai toujours sa carte de la Sorbonne et une photo qui la montre au milieu d'une quarantaine d'hommes, avec une amie qui, elle, a continué ses études et est devenue une grande scientifique.

Je pense que ma mère avait eu une équivalence car elle n'avait pas passé le bac français, mais a fait le PCB, ce qu'on appelait physique-chimie-biologie, et ensuite pharmacie jusqu'en troisième année. Ma mère a regretté d'avoir arrêté ses études après son mariage.

Une famille assimilée et polyglotte

Mes parents n'ont pas reçu d'éducation religieuse, mon père n'a pas fait de bar-mitsvah. Je n'en ai pas fait non plus, ni mon fils. Les familles étaient vraiment assimilées.

Il faut comprendre ce qu'était leur vie en Roumanie, qui était un pays pauvre alors que mon grand-père était très riche : il habillait ses enfants à Londres. C'était une autre époque, vous voyez... Ils ne sont pas venus à Paris à cause des persécutions ou par désir de s'élever économiquement. Ils sont venus parce qu'ils étaient des enfants de familles riches et qu'ils avaient les moyens d'étudier dans une grande ville, même s'ils venaient d'une région rurale.

Je ne pense pas que mon père célébrait les grandes fêtes juives, comme Kippour ou Pessah. Ma mère m'en aurait parlé s'il y avait eu quelques traces religieuses que ce soit. J'ai tout de même été circoncis à Bucarest. Je l'ai dit : quand je suis né, ma mère n'était pas à Cahül dans sa famille, mais dans celle de mon père. C'était un accident. Elle s'est arrêtée pour voir la famille de mon père et je suis né à ce moment-là. La famille de mon père était certainement observante, sans être religieuse ; comme la bourgeoisie israélite française, ils respectaient des règles.

Ma mère, elle, se pliait tout de même à certaines traditions. Ma grand-mère avait été religieuse et avait dû lui apprendre à ne pas manger du pain pendant la période de la Pâque juive, à faire un bouillon rituel pour Rosh Hachana, à jeûner à Yom Kippour. La grand-mère de ma mère parlait le yiddish avec ma mère. Ma mère savait le yiddish mais le parlait mal. Elle parlait aussi le russe, le roumain et l'allemand. Mon père devait également comprendre le yiddish, parce que Brăila était une ville où il y avait toutes sortes de nationalités. Et il parlait toutes les langues très facilement : le russe, le roumain, le français. Je comprenais relativement bien le roumain et ma sœur, qui est plus âgée de pratiquement quatre ans, aussi.

Ma sœur se nomme Georgette Mireille. Elle en voulait beaucoup à mon père de ce choix, en hommage à Georges Clemenceau. Elle ne supporte pas son prénom et se fait appeler Tania. Mais sur son état civil, c'est Georgette Mireille. Je ne crois pas que mes parents ont souhaité nous donner absolument des prénoms français.

Mon grand-père paternel s'appelait Salomon. Mon père et ses frères, qui ont chacun eu un fils, leur ont donné à chacun des prénoms commençant par la lettre « S ». C'est ainsi qu'il y a eu Sylvio, Sorin et moi, Serge. Peut-être mes parents ont-ils choisi mon prénom parce que ma mère était russe.

En 1937, mon père a demandé la nationalité française pour ma mère, pour lui et pour moi. Au début de la guerre, la procédure était encore en cours, rien n'était acquis. Je le sais parce que, après la guerre, des problèmes de nationalité se sont posés pour la pension de veuve de ma mère et j'ai regardé dans les papiers. Avant-guerre, la décision a été reportée, et c'était plutôt une période où on révoquait les nationalités plus qu'on ne les acceptait.

Ma sœur avait la nationalité française, comme beaucoup d'enfants nés en France de parents étrangers. Depuis le 10 août 1927, il y avait la possibilité pour les parents de déclarer un enfant mineur comme français. Ensuite, à vingt et un ans, cet enfant avait le choix de refuser la nationalité française. S'il ne disait mot, ça signifiait qu'il l'acceptait [1].

---

1. La loi du 10 août 1927 sur la nationalité, d'essence libérale, élargissait les possibilités d'acquisition de la natio-

Elle était donc la seule de la famille à être française. Si nous avions été en zone occupée, elle aurait aussi été la seule de la famille à porter l'étoile jaune. Je suppose que j'aurais été jaloux de cette étoile…

---

nalité française. Contrairement à la précédente (1889), elle permettait à un enfant né en France de parents étrangers de devenir français à sa majorité, sauf s'il s'y opposait. Cette loi devait compenser la diminution de la population française après la guerre de 1914-1918.

Des sympathies sionistes

Je l'ai dit, à ma connaissance, mon père ne s'occupait pas trop de politique, mais les familles avaient des sympathies sionistes, du côté en tout cas de ma mère, puisque j'ai retrouvé des certificats de quatre cents livres sterling, une somme énorme à l'époque, pour le Keren Kayemeth [1]. J'ai regretté que ce ne soit pas pour acheter une terre, mais enfin, c'était pour aider à la politique agricole sioniste. J'ai aussi trouvé deux certificats de dons à des organisations, des dons très importants. Ce n'est pas trop étonnant de la part de Juifs de Bessarabie parce que les pogroms ont entraîné des vagues d'émigration vers la Palestine.

---

1. Le Keren Kayemeth Leisraël, le Fonds national juif, a été fondé au Congrès sioniste de 1901 à Bâle. L'organisation crée un bureau en France en 1924.

Il y avait eu le pogrom de Kichinev au début du siècle, en avril 1903 [1]. Les deux oncles de ma mère avaient été parmi ceux qui avaient organisé une certaine résistance au pogrom. Ma mère en parlait très peu mais, dès notre enfance, elle nous racontait qu'il fallait toujours résister, que ses oncles avaient résisté.

Je ne pense pas que mes parents s'intéressaient à la situation des Juifs. En tout cas, ma mère ne m'a jamais parlé d'un intérêt de sa part. Chaque année, elle traversait l'Allemagne pour aller en Roumanie passer les vacances. Donc, elle a eu maille à partir non seulement avec l'extrême droite roumaine, mais aussi avec les Allemands. Elle a vu la nouvelle Allemagne. Elle a vu qu'il y avait un changement profond parce qu'elle aimait bien l'Allemagne. Elle avait beaucoup d'amis allemands depuis son année à Berlin. Et puis elle allait avec sa mère dans les villes d'eaux, tout cela pour dire qu'elle n'avait pas

1. Le premier pogrom de Kishinev, qui s'est déroulé les 6 et 7 avril 1903, a pour origine une manipulation d'un journaliste, Pavel Krouchevan, visant à faire croire qu'un enfant chrétien retrouvé mort avait été victime d'un crime rituel juif. Les émeutes antisémites ont conduit à l'assassinat de quarante-sept Juifs, des centaines de membres de la communauté ont été blessés et le quartier juif de la ville a été largement détruit et pillé.

de préjugés à l'égard des Allemands. Mais elle a vu la montée de l'extrême droite. Elle racontait comment, dans le train arrivant en Roumanie, elle avait en tant que juive été... comment dire... perturbée par des jeunes miliciens de la Garde de fer [1] qui était active en Roumanie. Ils étaient terribles, plus encore que les Allemands d'ailleurs. Et donc, elle était consciente de la montée de l'extrême droite. Mon père devait l'être aussi, seulement il n'en avait pas tiré de conséquences personnelles. C'est-à-dire que quand je me suis retourné sur son parcours et que je le vois faire la guerre, bravement, entrer dans la Résistance, résister même à Auschwitz, ce qui était rarissime, je me dis qu'il aurait pu s'engager dans la résistance au nazisme avant la guerre... c'était plus facile de le faire avant la guerre. Et de même, il était plus facile d'aller en Allemagne s'engager que de le faire à Auschwitz. Bon, ça dépend d'une prise de conscience et d'une implication, d'une mobilisation personnelle. Il ne l'a pas eue avant la guerre, mais dès que la guerre a commencé. Et puis, à l'époque, il faut bien le dire, il n'y avait pas de mouvements de résistance juive. Quand la guerre a débuté, pas

1. La Garde de fer est un mouvement nationaliste et fasciste roumain créé en 1927. Jugeant Ion Antonescu trop modéré, elle a tenté un coup d'État militaire en janvier 1941, qui a échoué et conduit à son interdiction.

un seul Juif n'avait de revolver pour se défendre en tant que Juif, alors que l'extrême droite était victorieuse dans la plupart des pays d'Europe. Mais mes parents vivaient dans une grande démocratie, et quand ils allaient en vacances dans des pays où il y avait des turbulences comme la Roumanie, ils étaient des privilégiés parce qu'ils pouvaient repartir. Ils avaient de l'argent, et en Roumanie tout s'achetait avec des bakchichs. C'est pour ça qu'ils n'étaient pas conscients de l'ampleur, peut-être, ou de l'intensité du danger.

Nous n'avons pas subi l'antisémitisme français

Jamais je n'ai entendu parler après-guerre d'antisémitisme en France dans les années 1930, ni en général ni à l'égard de notre famille. Mais je dois dire, d'ailleurs, que je n'ai pratiquement jamais été l'objet d'antisémitisme… Enfin, sauf dans l'action que j'ai menée ultérieurement. Dans mon enfance non plus. Sauf pendant la guerre, c'est évident, mais ce n'était pas de la part de Français.

Ma sœur, c'est pareil. Et même pendant la guerre, nous avons été privilégiés dans la mesure où nous n'avons jamais eu affaire à l'antisémitisme de Vichy. C'est-à-dire qu'à chaque étape de notre parcours en France, nous avons eu la chance de ne pas être la cible de Vichy. Et lorsque Vichy a mené à Nice, en août 1942, une grande rafle contre les Juifs étrangers, les Juifs roumains n'étaient pas encore sur la liste des nationalités « déportables » ; ils l'ont été en zone occupée le 23 septembre 1942.

Ainsi, on n'a pas arrêté les Juifs roumains en zone libre, on a arrêté les Russes, les Polonais, les Tchèques, les Allemands, les Autrichiens, mais pas les Roumains. Je n'avais pas de raison d'avoir peur à ce moment-là. La rafle a été soudaine, les gens n'étaient pas avertis. Le lendemain, c'était pratiquement terminé. Le souffle est passé très près. Ensuite, nous avons eu les Italiens qui ne touchaient à aucun Juif. Puis sont arrivés les Allemands. C'est eux qui ont procédé aux arrestations, les Allemands seuls, la Gestapo, mais pas les Français. La préfecture et la police française n'ont agi en rien. Ensuite, au Puy-en-Velay, dans la Haute-Loire, la population était tout à fait sympathisante. Ils ne savaient pas officiellement qu'on était juifs, peut-être s'en doutaient-ils, mais en tout cas, ils ne manifestaient aucun antisémitisme. Au contraire, dans la Haute-Loire, protestants comme catholiques étaient sympathisants des Juifs.

Ça a compté. Je crois que si j'avais subi l'antisémitisme français pendant la guerre, je serais parti en Palestine, même tout jeune. Il faut insister sur le fait que les enfants qui avaient mon âge et qui ont vu ce qui se passait dans la zone occupée, surtout, mais dans la zone libre aussi, ont eu beaucoup plus peur des agents de police français que des Allemands. Parce que les agents de police arrêtaient les Juifs. C'est une blessure que je n'aurais jamais supportée.

Nous n'avons pas appréhendé le danger

J'étais alors un petit garçon mais je me souviens très bien de la déclaration de guerre. D'une certaine façon, j'ai été le premier blessé de la Seconde Guerre mondiale, parce que mes parents écoutaient la radio et ont crié quand ils ont entendu la déclaration de guerre, alors j'ai couru, je suis tombé, et je me suis complètement ouvert l'arcade sourcilière. J'ai encore la cicatrice. On m'a aussitôt transporté à l'hôpital Henri-Dunant de la Croix-Rouge ; nous habitions alors porte de Saint-Cloud. Les infirmières ont dit : « Voilà, il est le premier blessé de la guerre. » Je me souviens du remue-ménage, même de l'hôpital d'ailleurs. Et puis, on a vécu l'évacuation de Paris, le départ des enfants, des femmes, parce qu'on attendait la guerre des gaz. Elle a eu lieu, mais contre les Juifs seulement… Nous, on est partis à Conches, en Normandie, pendant un mois ou deux et on est revenus à Paris.

On nous a distribué des masques à gaz en 1939, j'ai eu cet insigne privilège. J'ai eu droit du reste à deux masques à gaz dans ma vie. La seconde fois, c'est quand la guerre du Golfe a éclaté : avec une délégation du CRIF [1], nous sommes partis en Israël avec des hommes politiques, il y avait François Léotard, Alain Madelin… Quand nous avons atterri, qui nous attendait à l'aéroport ? L'ambassadeur de France, avec des masques à gaz. Mais revenons à la guerre. Je me souviens qu'on a attendu, et puis la défaite est arrivée. Mon père était à l'armée, il se battait.

Je crois que ma mère lui en voulait, parce qu'elle estimait que c'était aventureux et même dangereux de s'engager, d'être volontaire pour aller à la guerre. Mais il voulait peut-être être français, ce qui était la carotte, non pas au bout du bâton, mais enfin c'était sans doute la promesse pour tous ces étrangers de devenir des Français. Ma mère aurait voulu, peut-être, repartir en Roumanie plutôt que de rester à Paris. La décision de mon père s'inscrivait dans le cadre d'un élan général des Juifs étrangers pour défendre la France et défendre les Juifs,

1. Le CRIF est le Conseil représentatif des institutions juives de France. Il a pour objet de défendre les droits et les intérêts de la communauté juive de France. Il porte dans ses missions la solidarité pleine et entière avec l'État d'Israël.

puisque c'était, il le comprenait je crois, la guerre de Hitler contre les Juifs. Sinon, il aurait pu quitter la France avec nous. Il avait de la famille aux États-Unis, par exemple. Mais pour beaucoup de Juifs, la guerre allait être gagnée par la France. Et puis il détestait Hitler. Donc ils sont allés faire ce qui leur semblait normal, quoi qu'en pensaient les familles et les mères.

Je crois qu'il aurait pu être plus utile pendant la guerre dans d'autres activités. Malheureusement, les Juifs n'avaient aucune organisation : il y avait des structures d'aide, d'assistance, mais ils n'avaient aucune organisation prête pour résister. Pour moi, c'est un étonnement de voir qu'entre 1933 et 1939, et même avant, parce qu'en 1929 le parti nazi était déjà très puissant, rien n'a été fait dans le domaine de l'organisation autonome des Juifs pour pouvoir résister dans les pays déjà conquis par l'hitlérisme : l'Allemagne, l'Autriche, ensuite la Tchécoslovaquie. Et pour éventuellement, en cas de victoire de Hitler, pouvoir s'opposer au nazisme. Pas simplement par la ruse, l'organisation matérielle, le financement d'organisations d'assistance, mais par la résistance armée. Rien de tout cela n'existait. Il y avait une inconscience, il me semble, de la part de l'ensemble des communautés juives.

Mon père engagé volontaire

Si j'en reviens à mon itinéraire personnel, je n'ai pas le souvenir du départ de mon père. Le premier souvenir de la guerre, à part mon accident le premier jour et l'évacuation de Paris, c'est plutôt l'exode au mois de juin 1940, le départ quarante-huit heures avant l'arrivée des Allemands à Paris. Nous avons fait la queue pendant des heures et des heures à la gare d'Austerlitz pour quitter la capitale. Nous sommes allés dans les Landes. C'était un voyage… Il y a eu des péripéties, mais je ne m'en souviens pas. Ma sœur s'en souvient, en revanche : il y a eu des bombardements. Enfin, on est arrivés à bon port mais les Allemands sont arrivés très peu de temps après, à Capbreton où nous étions réfugiés.

Je me souviens d'avoir vu les Allemands sans avoir été particulièrement impressionné. Vous savez, les Allemands se conduisaient bien. En tout cas, dans cette région ils se sont bien conduits. Il n'y avait pas de débordements. Les Juifs ne constituaient pas un problème pour les militaires allemands. Je me rappelle même une anecdote qui s'est déroulée pas loin de Capbreton : quand les Allemands sont arrivés à Pau – je crois bien que c'est à Pau –, Sacha Guitry s'y trouvait, mais aussi Henri Bergson. Et quand le philosophe a décidé de revenir à Paris après l'occupation de la ville par les Allemands, Sacha Guitry est allé voir le commandant allemand pour lui dire que Bergson partait pour Paris. Eh bien les Allemands ont mis une garde militaire en place qui lui a rendu les honneurs. L'armée allemande n'était pas comme… en tout cas, en France, en 1940, il n'y a pas eu de débordements vis-à-vis des Juifs.

Mon père a fait partie du 22e régiment de volontaires étrangers. C'est un régiment qui s'est très bien conduit, qui a perdu les deux tiers de ses effectifs et qui a résisté trois jours aux Allemands dans la bataille de la Somme [1]. Les Allemands ont rendu les honneurs militaires aux survivants qui ont été

1. La bataille de la Somme durant la Seconde Guerre mondiale s'est déroulée entre le 26 mai et le 4 juin 1940. Conduite côté français par le chef d'état-major, le général Maxime Weygand, elle a échoué à empêcher la Wehrmacht d'atteindre la Seine.

faits prisonniers. C'est là que mon cousin germain Willy, que j'ai déjà évoqué, est mort, la tête arrachée par un obus. C'était un régiment composé de républicains espagnols et de Juifs, à peu près à parts égales. Et mon père parlait beaucoup du courage des républicains espagnols qui se battaient à ses côtés. Quand il est revenu, il nous a raconté. Il se souvenait de batailles extrêmement difficiles. Il avait comme officier supérieur le lieutenant Brothier, qui est devenu général de division plus tard et qui a fait un témoignage concernant mon père pour dire combien il s'était bien battu à ses côtés. Devenu général, Brothier a commandé la Légion étrangère. Tout ça pour dire que les Juifs se sont très bien battus, et le 22e régiment de volontaires étrangers aussi. Des volontaires étrangers sont allés aussi à Narvik [1]. J'imagine quelle pouvait être la détresse d'un Juif qui, parti pour Narvik, arrivé en Angleterre, puis revenu en France, était arrêté avec sa femme et ses enfants pendant la rafle du Vél' d'Hiv et déporté à Auschwitz. J'ai connu un

1. La bataille de Narvik s'est déroulée en mer et sur terre entre le 10 avril et le 8 juin 1940 et a engagé quelque 30 000 hommes en défense de la Norvège. Ce fut une victoire de courte durée pour les Alliés, qui durent se retirer rapidement pour mener la bataille de France.

homme comme cela qui, lui, est revenu de déportation. Avoir été trahi par la France et par un maréchal de France, alors qu'il avait fait partie de ceux qui avaient gagné une des rares batailles pour la France, était quelque chose de très douloureux.

Lorsque mon père a été fait prisonnier, ma mère a été tenue au courant. Elle était avant tout contente qu'il ait survécu. D'abord, il a pu correspondre avec elle. Un colonel allemand lui a même écrit. Je crois avoir encore la lettre quelque part. Il avait écrit : « Ne vous inquiétez pas pour votre cher mari… » Il avait pris en sympathie mon père et j'ai une photo d'eux deux, bras dessus, bras dessous ! Mon père parlait très bien allemand, il avait fait ses études dans un établissement religieux allemand… Un établissement catholique.

Ils ne croyaient pas que les Allemands avaient changé

Les Allemands n'étaient pas tous comme ils sont représentés généralement. C'est justement un des éléments qui ont d'une certaine façon trompé mon père et ma mère. Parce qu'ils connaissaient les Allemands, voyaient des gens sympathiques, ils ont eu du mal à comprendre que l'État allemand était devenu extrêmement cruel et qu'un certain nombre d'Allemands étaient devenus aussi différents. Lorsque nous étions dans la Creuse après le retour de mon père du camp de prisonniers, il y avait une dame, Mme Glaser – j'ai retrouvé son nom parmi les déportés ultérieurement –, et cette Mme Glaser, qui devait avoir une soixantaine d'années, disait à mes parents : « Mais vous ne savez pas comment ils ont changé ! Vous ne vous rendez pas compte ! » Elle est partie par le convoi numéro 26 et elle n'est pas revenue. Et ça, je me souviens vaguement de mes parents qui n'arrivaient pas à la croire. Parce que jusque-là, ils n'avaient pas rencontré cette Allemagne-là. Je me rappelle une histoire que m'a racontée un très grand ami à moi par la suite, le docteur Joseph Billig, qui était un grand historien au Centre de documentation juive contemporaine : il avait été lui aussi blessé à la bataille de la Somme, il s'est réveillé sur le champ de bataille et, au-dessus de lui, il y avait un Allemand qui lui disait : « Pauvre camarade, *armer Kamarad…* », il lui portait secours. C'est difficile de se rendre compte ! Billig était prisonnier en Allemagne et la Wehrmacht l'a toujours défendu contre les SS. Il allait se plaindre à la Wehrmacht quand un SS l'insultait et des gens de la Wehrmacht s'opposaient aux SS. En fait, on juge peut-être un peu trop facilement et on ne fait pas la différence, on a l'impression que tout le monde était du côté de Hitler. Ce n'était pas le cas.

Réfugié dans une maison d'enfants

Après Capbreton dans les Landes, ma mère a décidé d'aller à Moissac dans le Tarn-et-Garonne. Je pense qu'il y avait un bouche-à-oreille et que c'est à ce moment-là que les organisations juives d'assistance ont commencé à jouer, en France, leur rôle qui a été essentiel pour la survie d'une bonne partie des Juifs. Elle est donc allée à Moissac et je me souviens d'être parmi d'autres enfants juifs là-bas. Nous y sommes restés un certain temps.

C'est à Moissac que je suis tombé dans l'eau. Je me rappelle encore la sensation physique quand je suis dans l'eau et que j'essaye de me rattraper à quelque chose. Je revois les enfants, au bord, y compris ma sœur, qui trépignent ; ils ne savent pas quoi faire. Moi, je ne suis pas très loin de la rive et je tente de m'accrocher. Finalement, je réussis tout seul à saisir des roseaux ou des herbes, et les autres me remontent sur la berge. J'ai vraiment eu la sensation de me noyer. J'avais cinq ans.

Et de nouveau, le bouche-à-oreille tout simplement fait que ma mère, qui n'avait pas d'argent – elle n'avait plus accès à la banque et elle était coupée de la Roumanie –, est partie dans la Creuse au Grand-Bourg, un petit village charmant qui se trouvait à proximité du Masgelier, en zone libre. Là, il y avait un château [1] qui était loué par l'OSE [2] pour abriter essentiellement des enfants juifs allemands, autrichiens, polonais, dont l'organisation avait la charge. Cela avait même commencé avant-guerre puisque déjà des enfants allemands, autrichiens arrivaient en France. J'avais cinq ans là aussi. Et quand, bien plus tard, je suis revenu, j'ai retrouvé à la mairie les traces de notre passage là-bas et au Grand-Bourg.

---

1. À dix kilomètres du Grand-Bourg, dans la Creuse, le Masgelier a abrité une maison d'accueil pour enfants juifs. Loué par l'Œuvre de secours aux enfants (OSE), il fut dirigé jusqu'en mars 1943 par Jacques et Hélène Bloch. Il a accueilli des enfants de deux cent quarante-trois familles.

2. L'OSE, Œuvre de secours aux enfants. L'organisation créée en 1912 à Saint-Pétersbourg a installé son siège à Paris en 1933. Ses maisons d'enfants hébergeaient près de mille cinq cents enfants au printemps 1942. Elle organisa le sauvetage de milliers d'enfants juifs sous l'occupation allemande.

Ma sœur se souvient mieux que moi de l'atmosphère de la maison de l'OSE et elle n'en a pas conservé un très bon souvenir. Ma sœur dit que la discipline était quand même très pesante. Elle était contente d'en sortir. Elle tricotait pour mon père, une écharpe ou un pull, pour lui envoyer des choses, et puis après, finalement, c'est lui qui est arrivé.

Je ne me souviens pas des autres enfants, ou seulement d'une foule. Il faut dire que j'étais parmi les petits et que je ne me liais pas tellement. Je n'avais pas un ami en particulier. De temps en temps, je rencontre des gens qui y étaient en même temps que moi… Que ce soit en Amérique, en Israël, en France. J'ai la liste des enfants, je peux vérifier. Mais je ne me souviens pas du tout d'eux.

C'était plutôt vers ma sœur qui était toujours là-bas avec moi que je me tournais. On se disputait beaucoup, mais on était solidaires quand il le fallait. Toujours aujourd'hui, d'ailleurs.

Il y avait le château du Masgelier, Le Grand-Bourg, et à côté il y avait un autre village qui s'appelait Chabannes. À Chabannes régnait une atmosphère plus familiale et les enfants s'en souviennent avec beaucoup de sympathie. En tout cas, je dirais que c'est au Masgelier que j'ai failli mourir. Bon, ce n'était pas lié au fait que nous étions juifs, mais à la nourriture. Il se trouve qu'on nous donnait des pois chiches. J'en ai mangé et j'ai eu l'appendicite et il n'y avait pas de docteur, seulement des moniteurs qui étaient expérimentés, mais qui ne se sont pas rendu compte de ce qui m'arrivait. Il y a quelques années, j'ai retrouvé – ou plutôt, c'est lui qui m'a retrouvé – le docteur Élysée Cogan, qui était roumain et qui allait de maison de l'OSE en maison de l'OSE. Le docteur Cogan a vu que j'avais déclenché une appendicite, que j'étais en pleine péritonite, et que j'allais mourir. Il est arrivé dans la nuit, et je me souviens très bien comment j'ai été transporté en voiture à l'hôpital de Guéret. Il m'a ensuite raconté comment à l'hôpital le chirurgien a commencé par dire que c'était trop tard, mais qu'il allait quand même m'opérer. Ma mère, qui n'était pas au courant, parce qu'elle ne venait nous voir qu'une fois par semaine et à pied, est arrivée à l'hôpital. J'y suis resté trois semaines entre la vie et la mort. Et finalement, c'est allé du bon côté. C'était quand même une rude épreuve. Je me souviens même de la première nuit dans cet hôpital après l'opération. C'était dur. Quand ma mère est arrivée, ça a été plus facile.

Ma mère, en difficulté

Il est temps de parler de ma mère. Elle avait toujours beaucoup de sang-froid, mais en même temps elle était très anxieuse de notre sort. Pourtant, à l'époque, il n'y avait pas particulièrement à craindre, vous voyez. Ce ne sont pas les bombardements qui ont manqué de me tuer finalement, ce sont les pois chiches. Mais justement, elle avait peur que quelque chose arrive et surtout de ne pas être à nos côtés. C'était très difficile pour elle puisque c'était la première fois de sa vie qu'elle n'avait pas d'argent. Elle n'avait pas de mari, pas d'argent, elle n'avait plus ses enfants, elle avait perdu ses repères. Elle habitait chez l'habitant, et c'était horrible. Des conditions très, très difficiles. C'était la campagne dans toute sa splendeur de l'époque, la France était rurale, mais la campagne, ce n'était pas comme aujourd'hui.

Les gens chez qui elle habitait devaient savoir qu'elle était juive. Ah oui ! parce qu'il y avait quand même, malgré l'interdiction, malgré la recommandation de l'OSE de faire en sorte que les parents ne viennent pas à proximité des maisons d'enfants, des familles aux alentours. Bien entendu, les parents juifs, quand ils le pouvaient, sont arrivés à proximité de la maison d'enfants au Grand-Bourg. Et les gens de là-bas savaient qu'ils étaient juifs. Je ne pense pas que nous ayons été pris en compte lors du recensement de juillet 1941.

Le retour de mon père

On était très, très heureux. C'était une surprise formidable ! Mon père est arrivé au Masgelier vers avril ou mai 1941, et je me souviens combien c'était inattendu. En plus, il avait réussi à s'évader [1], c'était une aura de gloire pour nous. Et pour ma mère, la fin des soucis. Les choses ont changé. C'était un miracle.

Je ne sais pas exactement comment il a fait pour nous retrouver. Il a cherché : ça a dû se faire très simplement et très rapidement. Ils avaient des amis communs à Paris. Il a dû leur téléphoner. Et puis, nous sommes encore demeurés à Guéret quelques mois, jusqu'en octobre 1941.

1. Arno Klarsfeld a été prisonnier à Cambrai, d'où il s'est évadé une première fois. Repris à Villers-Cotterêts, il est envoyé dans un camp de prisonniers allemand, le Frontstalag 131 à Cherbourg, puis dans un autre à Verneuil (Eure), d'où il s'évade en mars 1941.

C'est un peu paradoxal, parce que s'il était resté au stalag pendant toute la durée de la guerre, il aurait survécu. Mais nous on aurait été probablement arrêtés, parce qu'on n'avait pas d'argent et on ne pouvait pas cacher notre nationalité. À partir du moment où on a arrêté les Juifs roumains… Le hasard a joué un grand rôle. Si on avait été à Nice dès 1941 ? Mais est-ce qu'on aurait été à Nice ? Dans la Creuse, la proportion de Juifs arrêtés a été faible. On serait restés dans la Creuse, peut-être qu'on n'aurait pas eu de soucis. Aucune des maisons d'enfants de la Creuse et de la Haute-Vienne n'a été visitée par les Allemands alors que sur le papier à en-tête de l'OSE, sur le côté gauche, il y avait la liste de toutes les maisons d'enfants avec toutes les adresses. Donc, les Allemands savaient ; pourtant, ils n'y sont pas allés. En revanche, ils sont allés à Izieu. Alors, dans tout ce qui s'est passé, il était beaucoup question de chance. Mais je pense que, sans notre père, on ne serait pas allés à Nice, et on aurait moins risqué nos vies. Et peut-être que tous les quatre, on aurait été réunis à la fin de la guerre. Vous voyez, c'est possible.

Je me souviens de mon père au moment où il revient du stalag. Je vois ça d'en bas, parce qu'il mesurait 1,82 mètre. À l'époque, c'était grand. Et j'étais petit. J'ai l'image d'un homme grand qui parle avec une voix assez forte, quelqu'un qui, effectivement, parle plusieurs langues, qui change de langue quand il faut. Et puis, qui est costaud. Donc, j'ai une sorte de père tout-puissant, et en plus qui revient de la guerre ! Alors que je savais que notre cousin y était mort. Il nous a raconté des histoires de guerre. Ça nous a donné une image du père traditionnelle.

Il était très gai, il était toujours très gai, il remontait toujours le moral des autres. Même plus tard, à Auschwitz. J'ai vu quelqu'un qui était là-bas, pratiquement au dernier moment, et qui disait qu'il remontait le moral des autres, il racontait des blagues, il était de bonne humeur. C'était quelqu'un d'assez insouciant, tout en ayant du sang-froid, comme il l'a prouvé au moment où les Allemands sont entrés à Nice. Sans compter qu'il travaillait dans la Résistance aussi… Il ne pensait pas mourir puisque, lorsque les Allemands sont entrés dans Nice – et là, je m'en souviens bien –, il a dit à ma mère, à ma sœur et à moi : « Si on nous arrête, moi, je survivrai parce que je suis fort, mais vous, vous mourrez. » Alors, c'est à ce moment-là qu'il nous a expliqué qu'avec deux amis hongrois, ils allaient construire un double fond dans le placard, puisqu'il était difficile de quitter la ville.

La lettre à Pétain

Les volontaires étrangers, c'est quelque chose, c'est une histoire qui a été peu racontée, si ce n'est dans les Mémoires d'un ou deux responsables. Ils avaient un colonel qui les représentait et se battait pour eux. Puaud, il s'appelait [1]. Il était à Vichy, c'était un héros de la Grande Guerre et il est passé du côté des Allemands, sans être antisémite en quoi que ce soit, au contraire ! Ensuite il est parti commander une brigade sur le front russe où il a perdu la vie. Les volontaires étrangers ont réussi ce

1. Edgar Puaud (1889-1945), officier de l'armée française, commandant du camp de la Légion étrangère de Septfonds, a facilité la démobilisation du 23e régiment de marche des volontaires étrangers, composé de Juifs étrangers. Néanmoins, il collabore ensuite avec l'occupant, s'engage dans la Légion des volontaires français contre le bolchevisme (LVF) et devient SS-Oberführer commandant de la division Charlemagne. Il disparaît en mars 1945.

miracle de constituer des amicales. Par exemple, l'Amicale des volontaires étrangers à Nice était entièrement dirigée par des Juifs alors que c'était un organisme de Vichy ! Et cette amicale est entrée en relation avec des mouvements de droite résistants antiallemands. C'est ainsi que mon père est entré dans la Résistance, de la même façon que François Mitterrand, lui, s'est occupé du reclassement des prisonniers de guerre et a tiré parti non seulement de ces amicales, mais aussi des Maisons du prisonnier qui existaient dans la plupart des grandes villes [1]. Il a constitué tout un réseau et a fait passer ces Maisons du prisonnier du côté de la Résistance… Bien entendu, quand les Allemands sont entrés à Nice, tout ça est tombé à l'eau, parce que la persécution des Juifs a commencé.

Mon père avait une bonne image de De Gaulle, et il n'avait pas une mauvaise image de Pétain. En fait, je pense qu'il croyait, comme beaucoup de Français et comme beaucoup de Juifs, que Pétain jouait double jeu. En 1941, c'est ce qu'il devait

1. Les Maisons du prisonnier ont été créées dans chaque département pour regrouper les services destinés aux prisonniers de guerre et à leurs familles. Le personnel était recruté parmi les prisonniers rapatriés, les structures servant de lieu d'accueil et de renseignements ainsi que de prise en charge des femmes de prisonniers.

penser. C'était difficile parce que je me souviens de la ferveur qui entourait Pétain. Il y avait une propagande habile, des distributions de nourriture et de biscuits. Il y avait le petit train du maréchal Pétain qui circulait. Une exposition pour les enfants. Et je dirais franchement que quand on regarde les hommes politiques actuels, Pétain avait beaucoup plus d'allure, hein ! C'est le mythe aussi qui est très désagréable, comme de peindre l'ennemi d'une façon caricaturale. Pétain, justement, a pu faire beaucoup contre nous parce qu'on lui faisait confiance ! Pétain, d'abord, on le montre petit. Il était grand ! Alors je n'arrive pas à comprendre comment le mythe le rapetisse alors qu'il était grand. Il était beau aussi alors que le général de Gaulle, non. Le maréchal Pétain était majestueux, avait une allure souveraine et on le traite en vieillard gâteux. Ce n'est pas du tout l'impression qu'il donnait aux Français, dans l'année 1941 en tout cas.

C'est le moment en fait où mon père est arrivé après son évasion. Il a écrit au maréchal Pétain une lettre revendicative. Elle est datée du 26 mai 1941 [1]. Je sais que ça peut paraître étonnant qu'il ait signé une lettre à Pétain de son vrai nom, Klarsfeld, mais puisqu'il demandait du travail, il fallait

1. Voir la lettre en annexe, p. 191.

bien qu'on puisse le joindre. Il a reçu une réponse du cabinet de Pétain : « Présentez-vous à l'Office départemental du travail », et il a été casé au Commissariat à la lutte contre le chômage à Guéret. Il a obtenu satisfaction : on lui a donné un travail, alors qu'il y avait un recensement en cours et que normalement les Juifs ne devaient pas travailler dans ces organismes officiels.

Je savais qui était le maréchal Pétain. Tout le monde le savait. À l'école, il y avait une propagande pétainiste. Mais mon père savait que le général de Gaulle existait, et, en 1942, il a réalisé sans doute ce qui se passait, peut-être en raison de la rafle… je ne sais pas, je ne peux pas le reconstituer. Mais j'imagine que la rafle des Juifs à Nice en août 1942 [1] a dû jouer un grand rôle dans sa détermination.

Est-ce qu'il y avait un portrait du Maréchal dans ma salle de classe ? Je ne me souviens pas, mais s'il y était, cela devait paraître normal, il était dans beaucoup de boutiques, il était affiché partout. Il n'y avait pas de raison de le remarquer plus à l'école. Je n'ai jamais vérifié, mais il faudrait que je

1. Les 26 et 27 août 1942, une grande rafle de Juifs étrangers est déclenchée par l'État français, en zone libre. Plus de six mille cinq cents Juifs, dont des centaines d'enfants, sont arrêtés, livrés aux nazis et déportés.

regarde dans un livre consacré à l'école si le portrait de Pétain était obligatoire dans les salles de classe.

J'ai chanté *Maréchal, nous voilà*, beaucoup de Juifs l'ont chanté. Mais finalement, je crois que l'on considérait que l'ennemi, c'était l'Allemand, vous voyez, mais l'Allemand on ne le voyait pas puisqu'il n'était pas là. Il n'y avait pas d'Allemands là où j'étais, ils n'étaient pas à Nice avant septembre 1943. Alors, le seul ennemi qu'on avait, c'étaient les Italiens, et nous, les Juifs, étions ravis d'avoir les Italiens comme occupants. Donc, c'était une situation un peu particulière.

Nice, notre refuge et notre souricière

Qu'est-ce qui a décidé mon père à nous emmener tous à Nice en octobre 1941 ?

Je crois qu'il s'ennuyait dans son travail au commissariat à Guéret. Il n'était pas habitué à cela. Donc… rentrer à Paris ? Les Allemands y étaient. Nice était en zone libre, et c'était une ville autrement plus attrayante. Beaucoup, beaucoup, beaucoup de Juifs étaient à Nice. Il devait avoir des amis et penser qu'il serait possible d'y travailler.

Il connaissait Nice car c'est là que mes parents avaient fait leur voyage de noces. Ensuite il a dû y aller plusieurs fois. Ma mère connaissait bien, elle aussi. C'était finalement une grande ville, Nice. Dans la zone sud, il y avait Lyon, Nice, Marseille. Mon père ne pensait pas quitter la France au final. Il pensait qu'il n'y aurait pas de mesures antijuives en zone libre et que Nice était tranquille.

Quand on est arrivés, ça a été un émerveillement. Je quittais la Creuse, qui était verdoyante, mais là, on découvrait tout autre chose, le soleil, les palmiers, et puis la mer. C'est une ville que j'aime vraiment beaucoup. Au bout de vingt-quatre heures, j'en ai plutôt assez mais c'est une ville que j'aime, malgré, je dirais, les mauvais souvenirs. Les mauvais souvenirs, c'est aussi l'envers des bons souvenirs puisque là-bas, nous avons connu le bonheur familial, juste avant que la tragédie ne se produise. Et puis la tragédie est arrivée, pas à cause de Nice, mais à cause des éléments extérieurs, de la Gestapo. J'ai un bon souvenir de Nice, même si ma mère y est morte. Elle y est revenue. Elle avait mal au cœur. Elle voulait revoir les lieux où elle avait vécu et elle y est allée avec ma sœur. La dernière photo que j'ai de ma mère, c'est à l'endroit où j'ai perdu mon père. Elle est devant la maison, avec la plaque au-dessus, en hommage à mon père. Et puis, le lendemain, elle a dit à ma sœur : « Dépêche-toi, on va être en retard. Allons au casino. » Elle était à l'hôtel Negresco et elle est morte, à ce moment-là, d'une crise cardiaque… C'est une belle mort, parce qu'elle voulait mourir debout et liée à mon père.

Je ne sais pas s'il était clair pour mes professeurs et mes camarades que j'étais un enfant juif. Je ne pense pas. À l'époque, par exemple, le fait d'avoir une concentration d'une quinzaine de Juifs dans un village, comme au Grand-Bourg, ne pouvait pas passer inaperçu. Mais à Nice, on savait qu'il y avait beaucoup de Juifs, c'était une ville qui était habituée à voir énormément d'étrangers. D'ailleurs, à l'époque, Klarsfeld ne donnait absolument pas l'impression d'être un nom juif. On pensait que c'était plutôt suédois ou alsacien. Ça ne choquait pas. Et puis, les enfants ne s'y intéressaient pas. Les enseignants se doutaient peut-être de quelque chose, mais en tout cas, ma sœur et moi, nous parlions français. J'étais né à Bucarest, mais les Roumains, plus qu'aujourd'hui, étaient liés à la France, il y avait une très grande relation entre les deux pays. Les Roumains étaient connus pour tous parler français. Roumain, c'était une origine un peu à part. Et le fait de parler français comme les autres ne nous distinguait pas... Sans compter nos prénoms, qui nous rendaient service. Georgette, surtout. Serge, c'était un peu plus exotique, mais à Nice, il y avait beaucoup de Russes à l'époque. Serge leur parlait.

Ma mère recensée comme juive, pas mon père

Est-ce que mon père avait fait les démarches pour nous déclarer en tant que Juifs ? C'est difficile à dire. Je ne crois pas, mais la préfecture avait certainement ses sources d'information puisque j'ai retrouvé la fiche de mon père dans le fichier des étrangers aux archives départementales avec sa photo et celle de ma mère. Rien d'indiqué concernant mon père ; pour ma mère, si, il est fait mention d'un « J ». Alors, j'en conclus qu'ils avaient leurs sources d'information. Peut-être ont-ils fait un compromis ? Je ne sais pas. Ils ont enregistré ma mère comme juive, alors qu'elle ne s'était pas fait recenser. Jamais. Mon père non plus et ils ne l'ont pas mis, « Juif ». Voilà. Peut-être ont-ils… Je ne sais pas… Il faudrait regarder sur la fiche, voir si les prénoms des grands-parents ou leurs noms y figurent, s'ils avaient des indices qui leur permettaient de juger si quelqu'un était juif, même si la personne ne le disait pas. Mais, en tout cas, la préfecture était dirigée à l'époque par le préfet Ribière [1] qui était très antisémite. Après lui, il y a eu le préfet Chaigneau [2] qui à l'inverse était très philosémite, et a été déporté. Brièvement. Et qui s'en est sorti. Il avait détruit le fichier des Juifs de Nice, aidé par Michel Junot dont la mauvaise réputation est injustifiée. C'était un jeune administrateur, qui avait été sous-préfet à Pithiviers. C'est donc notamment grâce aux dénonciations que les Allemands ont procédé aux rafles, en cernant les pâtés de maisons, puisqu'il y avait au moins vingt-cinq mille Juifs à Nice, mais pas à l'aide des documents de la préfecture.

Mon père, lorsqu'il était prisonnier, ne s'était pas déclaré sous son vrai nom. Il s'était déclaré sous le

1. Marcel Ribière est nommé préfet des Alpes-Maritimes puis de la région de Marseille en 1940. Dévoué au maréchal Pétain, il est partie prenante de la rafle des Juifs étrangers à Nice en août 1942.

2. Préfet des Basses-Alpes, d'Indre-et-Loire, de Seine-et-Marne puis des Alpes-Maritimes pendant la guerre, Jean Chaigneau est affilié au réseau de la Résistance NAP (Noyautage des administrations publiques). Arrêté et déporté en Allemagne, il est rapatrié en France en 1945.

nom de Klarstel. Je ne sais pas si ça a aidé… Par exemple, si je pense au colonel allemand qui l'avait pris en sympathie… Mon père parlant bien allemand, je suppose qu'il n'a pas dû être dupe et qu'ils ont dû parler franchement. Parce que ce n'était pas possible de s'appeler Klarstel, de parler allemand et d'être français de souche. Ils ont sympathisé parce que l'officier avait une sorte de fluxion, et mon père lui avait préconisé des ventouses ; l'autre ne savait pas que les ventouses étaient un remède. Et ça a aidé à sa guérison.

Finalement, c'est plutôt par ma mère que mon père a trouvé du travail. Je me souviens d'être parti avec elle à Monaco, pour voir le directeur du casino de Monte-Carlo, qui s'appelait M. Gunzburg ; il était juif mais conservait encore, sinon ses fonctions, du moins son influence, puisque Monaco ne menait pas une politique antisémite. Et ma mère connaissait le baron de Gunzburg, ou a été introduite auprès de lui puisqu'il était russe. Elle lui a demandé de trouver du travail pour mon père et c'est comme ça qu'il a été engagé au casino le Palais de la Méditerranée, le grand casino de Nice. Il y avait alors le casino de la Jetée, qui n'existe plus parce que les Allemands l'ont fait sauter, et le Palais de la Méditerranée, qui est un très bel immeuble dont on a conservé la façade. Il y travaillait comme interprète, inspecteur-interprète. Je m'en souviens d'autant plus que j'ai pu le rappeler encore au prince Albert qui m'a téléphoné il y a quelques jours pour me demander de faire partie de la Commission pour l'assistance aux victimes de spoliations à Monaco. J'ai ainsi connu Monaco en 1941 et 1942.

À Nice, le bonheur de notre vie de famille

Mes parents étaient liés l'un à l'autre. Je crois qu'ils l'étaient beaucoup plus encore à Nice qu'avant. Surtout à la fin, dans ces circonstances. Il y avait eu la période de la guerre et désormais une vie qui était à la fois relativement difficile et facile. Facile parce qu'il y avait beaucoup de Juifs à Nice et beaucoup d'argent qui circulait, certainement. Beaucoup de marché noir, de facilités pour gagner de l'argent, et le casino devait être aussi un endroit particulièrement indiqué pour nouer des relations.

Je crois que c'était une période très heureuse pour ma mère et pour mon père. Il y avait énormément de gens intéressants là-bas. Mon père était ami avec Pierre Brasseur, ce grand comédien. Il y avait des artistes. Les studios de la Victorine, là où on a tourné *Les Enfants du paradis*... Nombre de Juifs avaient des métiers cachés. C'était une vie extrêmement enrichissante sans doute. Et en même temps, on vivait avec une épée de Damoclès sur la tête, l'entrée des Allemands dans la ville… On ne savait pas comment, dans quelles conditions, mais ça paraissait tellement irréel depuis l'arrivée des Italiens en novembre 1942 de fraterniser avec l'ennemi. En tout cas du côté juif, parce que du côté non juif, les Italiens avaient des visées sur Nice. Mais du côté juif, on se réjouissait d'être sous leur domination. La vie continuait comme avant, et dans une Europe dominée par le nazisme et le fascisme, c'était pratiquement le seul endroit où vivre dans de pareilles conditions. Une oasis, en quelque sorte.

Mes parents ont été certainement très heureux jusqu'au dernier jour, à Nice. Et très proches, même si mon père, c'est vrai, était un peu coureur, même beaucoup, sans doute. Mais là, il était vraiment présent… Il menait la vie de famille, tout en voyageant. Il a aidé un certain nombre de Juifs à quitter Nice, il les amenait jusqu'à la frontière espagnole. On a des attestations de gens qui lui doivent d'être passés en Espagne.

Je me souviens que nous habitions dans le centre de Nice, rue d'Italie, tout près de l'église Notre-Dame, et qu'on jouait beaucoup dans la rue. À l'époque, il y avait peu de voitures et il y avait derrière l'église une sorte de square, où on s'amusait. On avait pas mal de camarades. Ils devaient nous sembler agréables parce que beaucoup étaient comme nous des petits Juifs. Dans le coin, il y avait pas mal de familles juives, comme je l'ai dit. Ma sœur était amie avec la petite voisine qui s'appelait Marguerite. On a vécu tout à fait normalement. Mais je n'ai pas une si bonne mémoire de mon enfance, je n'ai pas des souvenirs très précis. Je me souviens, une fois, d'avoir fait une belle promenade avec mon père dans une zone résidentielle en dehors de la ville. Il me tenait par la main. Il n'y avait pas ma mère ni ma sœur. Je garde ce souvenir très fort. Et puis, une autre fois, quand nous sommes allés au cinéma dans la journée, toujours avec mon père. C'est là que j'ai vu *Zorro*. On voyait des films américains là-bas, c'était une vie normale, agréable. On allait à l'école, ce n'était pas la vie d'enfants cachés.

La rafle des Juifs étrangers en août 1942 et l'occupation italienne

En août 1942, il y a la grande rafle des Juifs étrangers, mais nos parents ont dû nous épargner ça. Même pour eux-mêmes, ça a dû passer si vite… En quarante-huit heures, c'était terminé. J'ai vu les rapports de police ultérieurement : un millier de Juifs ont été arrêtés et plus de cinq cent cinquante déportés. La police a dû faire preuve d'une certaine indulgence dans la mesure où il n'y a eu qu'une dizaine d'enfants, au plus, qui sont partis. Je dois dire qu'au dernier moment, ils ont dû permettre aux parents de laisser les enfants malgré les ordres de la police de Vichy. Mais je vous dis, ça s'est passé si vite que le lendemain, eh bien, la vie a repris son cours.

Tant que nous avons été sous occupation italienne, ça a été la fin de nos soucis en tant que Juifs persécutés par les règlements antisémites. C'est le seul endroit alors, en France, où les Juifs n'ont pas eu à indiquer « Juif » sur leurs papiers d'identité, tandis que partout ailleurs, en zone libre, ils ont dû indiquer sur les cartes d'identité et les cartes d'alimentation : « Juif » ou « J ». Dans la zone italienne, non. Les Italiens ont refusé que ce soit la règle. Et les policiers de Vichy étaient parfois arrêtés par la police italienne quand ils voulaient persécuter ou embêter les Juifs. Il n'y a pas eu de rafle, pas eu d'arrestation. Je crois que dans toute la zone italienne il y a eu un Juif livré aux Allemands pour des raisons politiques, parce qu'il était le directeur d'un journal très farouchement hostile aux Allemands : Theodor Wolff[1]. Un grand journaliste. La police italienne était très dure. Mais elle s'attaquait aux résistants qui s'opposaient aux Italiens, et si certains étaient juifs, ce n'était pas à ce titre qu'ils étaient ciblés. Elle ne s'en prenait pas aux civils, aux gens qui n'étaient pas impliqués dans la lutte. Et le fait d'être résistant contre Vichy, à vrai dire, ne les intéressait pas particulièrement.

---

1. Journaliste, écrivain et critique, Theodor Wolff (1868-1943) a eu une influence importante en Allemagne comme rédacteur en chef du journal allemand libéral *Berliner Tageblatt*. Il a couvert l'affaire Dreyfus en 1896. Marié à une comédienne française, réfugié en 1933 après l'incendie du Reichstag en Suisse puis à Nice où il est arrêté par l'occupant italien et remis à la Gestapo, il mourra à Berlin.

Mon père dans la Résistance

Mon père ne tenait pas tellement au courant ma mère de son activité de résistance. Ce n'est qu'après que nous avons eu des bribes d'informations. Il faut dire que dans cette région s'étaient avant tout développés des mouvements résistants de droite. Il était dans un de ces mouvements. Il faisait partie de Combat, des groupes francs du mouvement Combat [1], c'est certain. Nous avons les certificats. Il a fait partie aussi de mouvements de droite non juifs et résistants. C'est difficile à reconstituer. En tout cas, au mois de janvier 1943, nous sommes partis jouer le rôle de couverture dans un chalet qui se trouvait près du château de

1. Créé par Henri Frenay et Berty Albrecht, Combat a été un des huit mouvements regroupés au sein du Conseil national de la Résistance. Il était d'abord implanté dans six régions de la zone libre.

Montmaur [1] dans les Hautes-Alpes. Et c'est Antoine Mauduit [2], le chef du réseau La Chaîne, dont nous avons gardé une lettre, qui a demandé à mon père de venir avec sa famille.

Je me souviens d'une grande réunion dans ce château. Je m'étais trouvé enfermé dans les toilettes et je ne pouvais pas en sortir. Finalement, on a dû enfoncer la porte ou crocheter la serrure pour me libérer. J'étais dans le noir, j'ai protesté de mon côté de la porte. C'était la réunion où Antoine Mauduit a fait venir des gens de Vichy, en particulier François Mitterrand, qu'il travaillait pour le faire basculer dans la Résistance puisqu'il était au Commissariat au reclassement des prisonniers de guerre. Et c'est au cours de cette réunion, en janvier 1943, que François Mitterrand est définitivement passé dans la Résistance. J'ai donc été

1. Le château de Montmaur, loué en mai 1942 par Antoine Mauduit, a servi de structure d'accueil pour les prisonniers rapatriés. Le groupe qui lui était attaché est devenu un maquis après septembre 1943 constitué notamment de réfractaires au Service du travail obligatoire (STO).

2. Antoine Mauduit (1902-1945) a créé un réseau d'anciens prisonniers pour aider aux évasions et préparer la lutte armée. Animé par la foi, c'est lui qui a convaincu le jeune François Mitterrand de basculer dans la clandestinité. Il est arrêté et meurt en déportation à Bergen-Belsen.

témoin, de l'autre côté des toilettes, de la bascule politique de François Mitterrand, qui s'est appuyé sur le mouvement des prisonniers pour aller à Londres et Alger.

Quand nous sommes arrivés au château, ma mère n'était pas au courant de l'engagement résistant de mon père. Nous étions logés dans un chalet qui avait une cave. Et elle entendait du bruit la nuit. Elle a très vite compris qu'on imprimait là des faux papiers. Ils étaient ensuite envoyés en Allemagne et l'organisation aidait ainsi les officiers français prisonniers à s'échapper. Ma mère a protesté auprès de mon père en disant qu'il nous mettait en danger et on est repartis. Nous y sommes restés à peu près six semaines. Je me souviens qu'il faisait très, très froid.

On a eu nous aussi, pendant un temps, des faux papiers. On s'appelait Blanchard. Moi, je m'appelais Jean-Pierre, Jean-Pierre Blanchard. Et mon père s'appelait Charles Blanchard. Et ma mère, qui avait un accent russe quand même assez prononcé, mon père avait eu l'idée de la faire devenir algérienne, arabe. Elle s'appelait, je crois, Madeleine Kader. Je ne sais pas pourquoi, mais ça n'a pas duré longtemps.

Les Allemands occupent Nice

À l'issue de ces six semaines passées dans les Alpes, nous sommes retournés à Nice. À ce moment-là, il aurait encore été possible de partir. On avait même, je crois, un *affidavit* de la part d'un cousin américain de mon père, bijoutier à New York. Bon, c'était difficile, parce qu'on ne pouvait plus quitter la France comme ça, simplement. Quelqu'un qui voulait partir, officiellement, devait montrer ses papiers, et les autorités posaient des questions. Mais mon père aurait pu, sans doute, passer en Suisse plus aisément, ou en Espagne. Oui, puisqu'il faisait passer des gens en Espagne, on aurait pu. Mais avec des enfants, c'était peut-être difficile. Et puis, on ne s'attendait pas du tout à ce qui allait arriver ! C'est-à-dire qu'on ne savait pas que les Italiens allaient perdre la guerre rapidement, puisque, après le débarquement en Afrique du Nord, un autre a eu lieu en

Sicile et le régime fasciste s'est écroulé en juillet 1943.

Et le double jeu italien a été mené de telle façon que les Allemands croyaient que l'Italie allait continuer la guerre à leurs côtés, mais ils se doutaient bien que les Italiens allaient signer un armistice. Donc, les Allemands se sont préparés et ils se sont jetés sur l'Italie du Nord et sur la zone d'occupation italienne. En une opération éclair, ils ont occupé toute la partie française occupée par l'Italie. Nous sommes tombés aux mains des Allemands. En septembre 1943, les Allemands sont arrivés à Nice. Et ça, mon père ne s'y attendait pas.

Je me souviens bien, le 8 septembre 1943, j'allais avoir huit ans. Ça a été vraiment la panique. Vous imaginez ? Vingt-cinq mille Juifs dans une ville assez grande, mais qui devait compter, dans le centre, disons deux cent mille habitants au plus.

On ne pouvait pas quitter Nice parce que les Allemands contrôlaient la gare… Les gares, d'ailleurs. Ils contrôlaient les trains et les routes. Essayer de partir était très dangereux. Et rester, aussi. Très vite, les Allemands ont entrepris des rafles. Des rafles qui ont été les plus dures de toute l'Europe occidentale ! On a du mal à se représenter que c'est à Nice que les rafles les plus dures ont eu lieu. Comme ils n'avaient pas l'appui de la police française ni de la préfecture, les Allemands devaient procéder avec leurs propres forces. Au début, ils se sont appuyés sur leur armée, qui avait des camions, des projecteurs, puis suffisamment de troupes pour encercler un pâté de maisons, et pratiquer la fouille systématique de chaque appartement, demander les papiers et voir ceux qui étaient juifs, ceux qui ne l'étaient pas. Ça, ils le faisaient la nuit. Et le jour, dans la rue, tout d'un coup, hop ! Avec des complices français. Il ne faut pas oublier que Nice, c'était une ville d'extrême droite. Joseph Darnand [1], le chef de la Milice, était très lié à Nice. Il y a eu de grandes manifestations de l'extrême droite à Nice. Il y avait des gens du PPF, le Parti populaire français, antisémite. Les braves gens de Nice, eux, n'ont pas dénoncé, contrairement à ce que l'on a dit. À Nice, le prix des dénonciations a décuplé rapidement, parce que, justement, les gens ne dénonçaient pas. Mais on barrait une rue à deux

1. Ancien combattant durant la Première Guerre mondiale, militant d'extrême droite entre les deux guerres, Joseph Darnand (1897-1945) a été une figure majeure de la collaboration avec l'Allemagne nazie. Secrétaire général de la Milice française, il s'engage en août 1943 dans la Waffen-SS. Secrétaire d'État au maintien de l'ordre dans le gouvernement de Vichy en janvier 1944, il est condamné à mort et exécuté en octobre 1945.

extrémités, tout d'un coup, et on contrôlait l'identité des gens. Et quand les hommes étaient suspects, on les déshabillait sous le porche d'une maison pour voir s'ils étaient circoncis. Ça n'est arrivé nulle part ailleurs en Europe occidentale, ce genre de rafle.

Tout cela émanait d'Aloïs Brunner et de la Gestapo. J'ai étudié comment Aloïs Brunner et Heinz Röthke [1] ont préparé cette occupation de la zone italienne, avec, naturellement, l'arrestation des Juifs, toutes nationalités confondues. Parce que pour la Gestapo, il était évident qu'il n'y avait qu'une seule nationalité pour les Juifs, c'était Juif. Cela dit, les nazis étaient peu nombreux. C'est donc avec les hommes qui travaillaient avec la Gestapo, les Français qu'ils avaient recrutés, avec peut-être le PPF aussi, ou les miliciens, qu'ils ont mené des rafles le jour.

C'est justement le mois où l'armée était en service que nous avons été en plus grand danger. Et mon père nous a dit, quand il a vu comment s'organisaient les rafles, que si on était pris, ma

1. Heinz Röthke (1912-1966) et Aloïs Brunner (1912-2001 ou 2010) ont tous deux été des artisans principaux de la « solution finale ». Röthke a dirigé le camp de Drancy du 16 juillet 1942 au 2 juillet 1943. A partir du 1er juin 1943, il a été secondé par le commando dirigé par Brunner.

mère, ma sœur et moi, nous allions mourir. On était prévenus. Et le 30 septembre 1943, c'était la veille de la rentrée des classes.

Mon père nous met en garde

Si nous étions pris, ma mère, ma sœur et moi, nous ne survivrions pas. Mon père, si. C'est ce qu'il nous a dit. Je ne peux pas me souvenir de ma réaction aux propos de mon père. Mais, en tout cas, c'était une parole sacro-sainte, c'est-à-dire que je savais. Je ne savais pas comment j'allais mourir, ça, on ne peut pas dire, mais je savais que j'allais mourir si j'étais pris.

Est-ce que je comprenais que je mourrais en tant que Juif ? C'est difficile à dire. Mon père ne nous a pas dit cela. Il y avait une part de mystère, puisque je ne voyais pas de différence particulière entre ma situation et celle des autres. J'étais né à Bucarest, j'étais étranger. Mais il y avait aussi d'autres enfants étrangers, donc la conscience réelle de ce que c'est que d'être juif… Je savais que j'étais juif, mais qu'est-ce que c'était que d'être juif, réellement ? Alors là, pas la moindre conscience. Celui qui observait une fête religieuse… Je n'ai pas remarqué, à l'époque, que ma mère jeûnait à Yom Kippour. Peut-être le fait qu'ils parlaient plusieurs langues… Mais qu'est-ce que c'était que d'être juif, alors pas la moindre idée à l'époque. Ni ma sœur, d'ailleurs.

Mon père a décidé de prendre des mesures. On habitait au centre, on avait un appartement de trois pièces et il y avait un placard profond près de la porte d'entrée, qui servait de rangement pour les vêtements. Alors il a demandé à deux amis hongrois, qui étaient habiles de leurs mains, de fabriquer avec lui une cloison en contreplaqué de bois très léger qui s'ouvrait en son centre. On entrait par le bas, et puis il y avait un crochet pour arrimer la partie inférieure de la porte à l'intérieur. Et ça a été rapide, ils ont travaillé quarante-huit ou soixante-douze heures. Tout s'est passé très vite parce que entre le 8 et le 30 septembre le délai n'est pas très long.

Le scénario était arrêté : le déroulement des opérations minutieusement répété. Si la Gestapo venait nous prendre, mon père se livrerait en prétendant que l'appartement était en cours de désinfection et qu'il avait préféré nous envoyer à la campagne pour nous protéger d'une éventuelle intoxication. Le risque, s'il se cachait aussi, était de voir les Allemands sonder à coups de crosse chaque mur, chaque placard, et nous découvrir.

Une rafle de nuit dans l'immeuble

Je ne me souviens pas avoir préparé les cahiers, ça devait plutôt être un samedi, le 30 septembre. À minuit, tout d'un coup, le plafond s'éclaire, mon père et ma mère nous ont réveillés, et ils nous ont dit : « Vite, vite, dans la cachette ! » On y est allés. Ils ont refait les lits, sauf celui de mon père. Ils ont dû mettre de l'ordre dans l'appartement pour effacer les traces de présence de ma mère, de ma sœur et de moi. En plus, la veille, nous avions eu des amis de ma mère, les Causansky, qui étaient trois et venaient de Moissac où ils nous avaient un temps hébergés ; ils ne savaient pas où aller. Ils avaient dormi chez nous déjà plusieurs fois et mon père a décidé, ce soir-là, de les loger au premier étage, chez des amis, les Dussour. La plaque qui est maintenant sur la maison où nous avons habité, 15, rue d'Italie, est un hommage à Paul Dussour et à mon père. Elle a été posée le 8 mai 1975.

Paul Dussour était un résistant ; ils sont allés chez lui et leur fils est allé dormir ailleurs. Le seul appartement qui n'a pas été visité, c'est cet appartement, parce qu'au même étage il y avait deux filles, sans doute des call-girls, des prostituées, qui savaient que les Dussour hébergeaient des personnes. Lorsque les Allemands sont arrivés, elles sont sorties et ont commencé à parler avec eux. Ils en ont oublié l'appartement des Dussour. Et les autres s'en sont sortis. On a vu ces projecteurs. C'était très impressionnant, je dois dire, de voir la lumière des projecteurs au plafond. Et dans l'obscurité, on est allés dans la cachette. Ma mère nous a rejoints. On a fermé la porte. On entendait des cris, ce qui était beaucoup plus angoissant… Ça se rapprochait, parce qu'on était au troisième étage. Ils sont arrivés d'abord chez nos voisins, qui s'appelaient Goetz. Nous ne savions pas que leur vrai nom était Rappoport. Nous pensions qu'ils étaient des Juifs alsaciens alors qu'ils étaient juifs polonais. Vous voyez quand même… Deux familles juives, qui habitent des appartements mitoyens et qui ne se disent pas la vérité ! Ils ont commencé… tout de suite, quand ils sont entrés… Nous, on entendait, puisque le mur n'était pas très épais. On entendait ce qu'il se passait dans l'appartement… L'autre côté du mur, c'était chez eux.

Une rafle de nuit dans l'immeuble

Nous avons entendu : « Police allemande ! » La sœur aînée Goetz a dit : « Vos papiers ? Où sont vos papiers ? », et ils ont frappé à ce moment-là. Ils ont frappé. Puis… il y a eu des cris. Ils ont dû battre la petite, qui était l'amie de ma sœur, et ils demandaient où était le frère aîné, parce qu'il n'était pas là. Les parents ont dit où était le frère aîné, qui a été ensuite arrêté et déporté. Il en est revenu, et la fille aînée aussi. Mais la petite et les parents sont morts à Auschwitz.

Les Allemands battaient donc les enfants. Le père hurlait. Là aussi, ça me reste dans les oreilles. Je n'ai pas beaucoup de souvenirs précis de l'enfance, mais ça, ça me reste dans les oreilles. Il criait : « Police française ! Police française ! Au secours ! Sauvez-nous ! Nous sommes français ! » Voilà… Il n'a dit que ça. Ça m'est resté. Pendant longtemps, j'ai cru que la police française était du bon côté, puisque c'est ce que j'ai entendu. Après la guerre, vous savez, on en parlait, mais les enfants n'écoutent pas tellement. Je n'ai pas réalisé, dans l'immédiate après-guerre, qu'à Paris et très souvent en province les petits enfants juifs et leurs parents avaient été arrêtés par la police française.

Mon père est arrêté, nous restons cachés

Pour moi, la police française, c'était le secours. Je vous dis, je n'ai eu aucune blessure au cœur par rapport à mon pays, parce que je n'ai pas eu ce déchirement… D'ailleurs, je comprends mal comment on peut rester encore dans un pays lorsqu'on a vu un uniforme, qui était censé protéger, venir arrêter. Et moi, j'ai eu cette chance de ne pas le vivre ! Je le redis toujours. Simone Veil était au même lycée que nous, ma sœur et moi, elle était en préparation du bac. Elle aussi a été arrêtée par les Allemands. Ça change tout. Arrêtée par les Allemands, elle a pu faire la carrière qu'elle a faite, parce qu'elle n'avait pas en plus cette blessure d'avoir été arrêtée par des Français qui l'auraient livrée aux Allemands. Revenons à mon père… Il est d'abord entré dans la cachette avec nous, mais il en est ressorti. Il nous a seulement accompagnés à la cachette. À mon avis, sa décision était déjà prise de ne pas entrer se cacher avec nous. Sinon, le lit aurait été fait complètement… Il se rendait bien compte que quand on entre dans un appartement où les gens étaient présents cinq minutes avant, ça se sent… Il fallait rester. Et ils ont frappé à la porte.

Mon père a ouvert, et tout de suite, j'ai entendu : « Où est votre femme, et vos enfants ? »

Il fallait donner l'impression qu'il était là, seul. Il a eu le sang-froid nécessaire… Mais il devait avoir conçu cela avant, puisqu'il avait préparé toute cette cachette… Il fallait bien une réponse pour les Allemands. Bon, les Allemands ont dû se renseigner, ils savaient qu'il y avait une femme et des enfants dans cet appartement. Et il a dit, ce qui était vrai : « Il y a eu une désinfection. » Il y avait encore l'odeur du désinfectant. Il a dit : « Il y a eu une désinfection, ils sont à la campagne. » Ils n'ont pas demandé où, ils ont dû se dire qu'il ne le dirait pas, et que ce n'était pas la peine de perdre leur temps avec lui. Mais ils ont commencé à chercher dans l'appartement.

Je me souviens de leur phrase. Je ne sais pas si c'est : « Où sont… ? » ou « Où est votre femme, et vos enfants ? » Et ils ont ouvert la porte du placard. Il y avait une tringle avec des vêtements, pour dissimuler la cloison. Celui qui est entré a rabattu tous les vêtements. J'entends encore le bruit des vêtements rabattus sur la tringle. Je ne sais pas s'il était en armes, s'il avait une crosse, enfin, s'il avait une arme, je n'ai rien vu. Il aurait pu donner un coup dans le fond. Mais il a dû voir qu'il n'y avait pas de lumière, qu'il n'y avait personne derrière les vêtements. Il n'a pas remarqué que c'était une cloison en bois, il n'a pas tapé du poing. Ainsi on a pu s'en sortir. Il a refermé la porte ou peut-être pas, ça, je ne peux pas dire. Et mon père est allé dans l'appartement des voisins pour les calmer, les réconforter. Les Allemands lui ont dit : « Habillez-vous et suivez-nous », et ils sont partis plus loin. Il a refermé la porte de l'appartement, ou il l'a laissée peut-être presque fermée, puisque je ne sais pas si les Allemands auraient accepté qu'il ferme la porte. Il est revenu dans la cachette, et il a demandé les clés à ma mère, parce qu'il devait avoir laissé ses clés je ne sais pas où, peut-être dans le sac de ma mère. Il a demandé les clés parce qu'il a dû se rendre compte aussi que s'il sortait, s'il ne fermait pas à clé la porte, les Allemands allaient penser qu'il y avait quelqu'un dans l'appartement. Donc, il a demandé les clés et il a embrassé la main de ma mère.

Il était fort, il s'en sortirait

Ma mère n'a rien dit. Ou je ne me souviens pas. Je me rappelle les clés, je me rappelle qu'il a embrassé la main de ma mère, puisque c'était bas, et qu'il n'est pas entré, il a simplement ouvert la porte de la cachette. Et il est parti. Mais on n'était pas inquiets ! Pas particulièrement. Enfin, on était inquiets, oui, c'est évident. Ma mère est même allée faire des démarches, essayer de lui trouver un certificat de baptême, écrire au consulat roumain, à Vichy, enfin, faire toutes les démarches qu'elle pouvait faire… Mais, en même temps, comme pour l'armée, on pensait qu'il allait revenir, tout simplement, que ça serait une épreuve difficile, mais qu'il s'en sortirait. Ce n'est pas une atmosphère de deuil qui a commencé, c'est de l'inquiétude. On a cru que c'était comme prisonnier de guerre que ça serait dur, il était fort, il s'en sortirait.

Je ne lui ai pas dit au revoir. Non. Parce qu'il a fait ça le plus vite possible, parce que les Allemands étaient là, derrière la porte. On a passé toute la nuit là-dedans. Quand l'Allemand est entré dans le placard, ma sœur avait mal à la gorge, et elle avait mis une chaussette dans sa bouche… Tous les deux, on avait l'habitude d'être turbulents, de se battre. Bien sûr, on se tenait tranquilles… On avait très peur. On chuchotait imperceptiblement. On savait qu'on mourrait si… Ça, c'était certain pour nous. Ensuite, on est restés toute la nuit dans la cachette, sans bouger. Parce qu'on ne savait pas si les Allemands n'étaient pas sur le palier, s'ils n'avaient pas laissé une sentinelle. Et que s'ils entendaient du bruit, ils reviendraient. Le matin, ma mère est sortie de la cachette en nous disant d'y rester et elle a regardé, je ne sais pas s'il y avait un judas ou non, ou elle a entrouvert la porte. Et quand elle a vu un voisin descendre, elle lui a demandé de remonter pour lui dire s'il y avait des Allemands dehors. Il n'y en avait pas. On a pris la fuite.

Une nuit gravée dans ma mémoire

Le matin, on est partis. Ma mère est allée voir des amis, on est passés d'appartement en appartement. On allait de meublé en meublé, comme beaucoup de familles juives, avec la crainte de quitter Nice. Ma mère nous avait dit où il fallait aller, elle nous avait donné de l'argent au cas où, et dit ce qu'il fallait faire si elle était arrêtée. C'était une vie clandestine. On a vécu à quatre ou cinq adresses différentes.

Ma mère a revu mon père une dernière fois. Elle est allée à la gare et elle a assisté au départ. C'était dangereux ! J'ai lu que parfois les Allemands se jetaient sur la foule et puis redemandaient les papiers, sachant que ceux qui observaient les trains partir étaient les membres des familles. Et quand mon père a vu ma mère, il a haussé les sourcils – elle m'a fait le geste, comme ça, lui indiquant de partir, de ne pas rester. Elle est partie. Évidemment, elle a suivi son conseil et elle est partie.

Les Allemands avaient un hôtel à proximité immédiate de la gare, l'hôtel Excelsior, rue Durante, et c'était la première rue à droite quand on sortait à gauche de la maison. L'hôtel Excelsior, c'était le petit Drancy de Nice. On y logeait les Juifs, et chaque fois qu'on en avait cinquante, cent, tous les deux, trois jours, on les mettait dans le train pour Drancy avec une escorte allemande. Ils prenaient des wagons de voyageurs. Ils s'arrêtaient peut-être à Lyon pour passer la nuit à la prison de Montluc. Trente ans après, même trente-deux ans après, à New York, aux archives YIVO [1], où se trouvent les archives originales de l'UGIF [2], j'ai trouvé un document daté du 2 octobre, le jour où mon père est parti de Nice pour Drancy. C'était

1. Les archives du YIVO Institute for Jewish Research, créé à Vilnius en 1925, sont aujourd'hui à New York et conservent plus de vingt-trois millions de documents sur la vie et la culture juives partout dans le monde. Le YIVO possède un fonds d'archives important sur les Juifs d'Europe de l'Est, la culture yiddish et la Shoah.

2. L'UGIF, l'Union générale des israélites de France, a été créée par une loi du gouvernement de Vichy en novembre 1941. Son existence est abrogée par l'ordonnance du gouvernement provisoire de la République française en août 1944. Sa mission était de représenter les Juifs auprès des pouvoirs publics.

un document tapé à la machine qui ne concernait que Lyon. En retournant le document, j'ai découvert qu'il y avait, au crayon, le nom de mon père, Arno Klarsfeld. L'UGIF de Lyon devait nourrir les prisonniers à Montluc ou avoir le droit de visiter les transférés de Nice à Drancy, et mon père a dû confier une commission aux visiteurs de l'UGIF. Et des décennies après, tout d'un coup, j'ai reçu le message de mon père, mais sans le contenu du message. Je ne saurai pas ce que mon père m'a écrit mais je l'ai reçu, grâce aux archives.

Ce moment de l'arrestation est gravé en moi. Parce que, comment dire…, j'ai été pris cette nuit aussi d'une certaine façon. Je n'ai pas été pris, mais j'ai été pris parce qu'il s'en est fallu d'un cheveu et que j'ai gardé cela en arrière-plan. Plus tard, j'ai compris que beaucoup d'enfants juifs avaient été dans la même situation que moi, mais eux avaient eu moins de chance. Ne serait-ce qu'Anne Frank, qui, elle aussi, était derrière un double fond. Une fausse cloison. J'ai lu aussi pas mal de récits d'enfants en Pologne. Les parents cherchaient partout des cachettes pour pouvoir dissimuler leurs enfants… J'ai eu cette chance de m'en sortir et c'est resté en arrière-plan toute ma vie. Après la guerre, ça n'avait pas un intérêt spécifique. Les gens n'étaient pas intéressés. Je n'avais pas le sentiment d'être un enfant particulier parce que j'avais eu cette expérience. Alors qu'aujourd'hui, il est certain que les enfants juifs qui ont été pourchassés parce qu'ils étaient juifs savent qu'ils ont eu une existence différente des autres. Mais après la guerre, ce n'était ni un titre de gloire ni un titre de singularité.

C'est le moment de référence de ma vie. C'est un peu comme... je ne sais pas, moi, le miroir de Jean Cocteau. D'un côté, je suis derrière le miroir, j'ai survécu. Et de ce côté-là, j'étais mort. Une voiture passe à côté de vous, elle vous effleure, vous pouvez dire : « J'ai échappé à la mort. » Mais là, c'était une mort... je dirais inévitable, quasiment permanente. Alors que la mort dans un accident, c'est une seconde d'inattention ou d'erreur.

Le destin était écrit, l'enfant juif devait mourir à cet âge-là, parce qu'on voulait qu'il meure. Alors, on est des survivants, en quelque sorte. J'ai été un survivant longtemps sans en avoir véritablement conscience ! Ça s'est renforcé avec le temps, et surtout avec la visite que j'ai faite plus tard à Auschwitz.

Parce que je me suis dit : « Jamais je ne serais plus en danger que lorsque j'étais dans cette cachette. » Donc, ça me donne la force morale d'agir. Je me souviens, ça devait être en 1986, je suis allé à Beyrouth en pleine guerre civile, à la suite de Beate qui voulait sauver les otages juifs libanais, qui ont tous été tués [1]. Comme elle est rentrée à Paris au bout d'un mois passé en secteur musulman sans avoir réussi à provoquer un échange, et qu'ils ont commencé à tuer, je suis allé là-bas pour leur dire publiquement : « Vous êtes des nazis, vous tuez les Juifs parce qu'ils sont juifs », alors qu'il ne s'agissait pas de Juifs sionistes, il s'agissait de Juifs libanais, qui ne voulaient pas quitter le Liban. Quand je suis arrivé, j'ai donné tout de suite un entretien à la télévision où j'ai dit cela. Et puis, je suis allé voir un journal où je l'ai dit à nouveau. Déjà, à l'hôtel, on m'a averti : « Mais c'est formidable que vous soyez arrivé à l'hôtel ! » Le lendemain matin, l'ambassadeur de France, qui était de l'autre côté, en secteur chrétien, m'a téléphoné en me disant : « Vous ne passerez pas la journée. » Mais je n'avais pas peur. Parce qu'à partir du moment où on a vécu des minutes ou des heures comme celles que j'ai vécues enfant, cela devient le point de référence. J'ai très peur en

1. Entre mars et août 1985, le Hezbollah enlève au Liban onze Juifs libanais accusés d'être membres du Mossad israélien, qui seront assassinés entre décembre 1985 et juin 1987. Parmi eux, le médecin Elie Hallak qui avait pris soin de deux autres otages, français cette fois, le chercheur Michel Seurat et le journaliste Jean-Paul Kauffman.

voiture, j'ai très peur quand quelqu'un va trop vite. Enfin, il y a des tas de circonstances où j'ai peur, mais pas dans ces circonstances où il faut montrer du courage en tant que Juif. Là, je n'ai pas peur.

Nous quittons Nice avec ma mère

Au bout d'un certain temps, ma mère en a eu assez d'avoir peur, et on est revenus dans notre appartement. Je crois que l'errance a duré un mois, un mois et demi et nous nous sommes réinstallés, et cette fois, elle nous a donné une nouvelle instruction : « Si les Allemands arrivent, c'est moi qui reste dehors et vous qui allez dans la cachette tous les deux. » Elle nous a montré les papiers, ce qu'il fallait prendre, ce qu'il ne fallait pas prendre. On s'est équipés. Ma mère faisait peut-être un peu la sieste le jour, car elle ne dormait jamais beaucoup la nuit. Ma sœur et moi, nous étions à côté d'elle parce qu'on devait dormir dans le même lit certainement pour ne pas avoir à refaire nos lits. Ma mère lisait des romans policiers pour ne pas dormir, des romans comme ceux de la collection « Le Masque », à couverture jaune. Et moi, je lisais les romans policiers derrière elle. D'ailleurs, chaque fois que j'ai un peu de stress, je prends un roman policier, c'est resté indélébile. Ça a duré, comme cela, jusqu'au mois de février 1944, je crois. Dans la rue, nous marchions d'un côté de la rue, ma mère de l'autre. Dans les trolleybus, les tramways de l'époque, on était soit à l'avant, soit à l'arrière. Ma mère était toujours plus loin. Et on n'allait plus à l'école.

Nous n'étions toujours pas particulièrement inquiets pour mon père. Plus tard, ma mère s'est mise à vendre tous les objets et les vêtements de mon père. Il avait laissé sa carte d'alimentation, les tickets de tabac et tout ça, elle a vendu tout ce qui était à mon père parce qu'on avait de moins en moins d'argent.

Elle devait encore avoir un peu d'argent de mon père. Au moment de son départ pour Drancy, il devait avoir huit cents francs, et il lui a laissé tout ce qu'il avait. Et puis, il y avait aussi une dame qui était d'origine hollandaise. Ses enfants étaient partis en Amérique et elle était restée. Elle était assez fortunée et a partagé notre sort. Elle est partie avec nous, et nous a aidés pendant ce temps-là. Elle était plus âgée que ma mère, elles s'entendaient très bien. Ma mère l'aidait aussi puisque, sinon, elle aurait été toute seule. On s'est sauvés mutuellement.

Au début de l'année 1944, nous quittons Nice. C'est assez mystérieux, mais je crois qu'il existait alors des organisations juives clandestines. Elles plaçaient pas mal d'enfants à Nice par exemple. Il y avait le réseau Abadi (ou réseau Marcel) [1] qui était très actif, avec l'évêque de Nice, Mgr Rémond. Ma mère aurait pu nous placer dans une famille, j'imagine, parce qu'elle était en contact avec des Juifs. Mais elle a préféré nous garder. Et puis, il y avait des enfants qui étaient plus en danger que nous parce qu'ils n'avaient peut-être plus du tout de parents, que les parents avaient été arrêtés tandis qu'eux avaient été sauvés. Alors, on est restés ensemble, et ma mère a dû, par une organisation juive, rencontrer le fils du rabbin ou en entendre parler, je crois ; Poliatschek [2], qui officiait dans la Haute-Loire, au Puy, a fait savoir que la situation était sans danger pour les Juifs au Puy-en-Velay. Quand il y a eu une évacuation d'étrangers et des

1. Créé en 1943 à Nice par Moussa Abadi et Odette Rosenstock avec l'aide de l'évêque de Nice, Mgr Paul Rémond, et les pasteurs protestants Edmond Evrard et Pierre Gagnier, le réseau Marcel avait pour objet de sauver les enfants juifs. L'évêque et les pasteurs ont été faits Justes parmi les nations.

2. Jean Poliatschek (1914-1993), fils de Moïse Poliatschek, qui a été rabbin de Toulouse.

familles d'étrangers de Nice, on a reçu des recommandations officielles pour les départements où nous diriger. Ma mère n'en a pas tenu compte et elle est allée en Haute-Loire.

Les Anglo-Saxons n'arrivent pas à se représenter la situation de la France. Ils assimilent un peu la France à la Pologne. Et ils ne se rendent pas compte qu'en France, un Juif pouvait se marier avec une non-Juive, ou une Juive avec un non-Juif. Jusqu'à la fin de la guerre, s'il n'y avait pas d'interdiction, les enfants juifs pouvaient aller à l'école dans le primaire et le secondaire sans problème non plus. Les problèmes étaient extérieurs à l'école. On ignore généralement que les rabbins continuaient à officier dans un certain nombre de synagogues, à Lyon et à Paris. C'était quand la Gestapo ou quand la police de Vichy recevait des instructions ou prenait des initiatives pour procéder à des arrestations que des gens se trouvaient arrêtés. Un enfant juif qui allait à l'école, à Paris, avec son étoile jaune, a pu y aller jusqu'au mois de juillet 1944. Simplement, il ne savait pas s'il allait retrouver ses parents après ou bien si la police n'allait pas l'arrêter à la sortie de l'école ou même dans l'école. C'était une épée de Damoclès au-dessus de la tête, mais la vie a continué comme avant… selon les circonstances. Au Puy-en-Velay, le colonel allemand qui commandait n'avait pas de Gestapo auprès de lui. Le Puy n'avait pas une importance stratégique. Il ne devait pas être particulièrement intéressé par la question juive. Il n'y avait pas de troupes allemandes, il y avait des Mongols passés du côté allemand. Les Mongols n'étaient pas très intéressés non plus par la question juive. Les Juifs vivaient en paix dans la Haute-Loire !

Pour le village, nous n'étions pas juifs

Nous avons pris le train avec la peur d'être contrôlés, mais finalement nous sommes arrivés sans problème et nous sommes restés trois semaines en ville avant d'aller dans un village.

Au Puy, il y avait un couvre-feu. Un jour, j'étais encore dans la rue après l'heure autorisée et c'est un soldat allemand qui m'a ramené où nous habitions. Ma sœur, quelle émotion elle a eue !, parce qu'elle a ouvert la porte, et elle m'a vu avec un soldat allemand. Le soldat allemand m'avait tout simplement raccompagné, parce qu'il avait trouvé un petit garçon dans la rue.

Le président du Consistoire, Jean Kahn [1], était aussi au Puy : il y a fait ses études, passé son bac et n'a pas eu d'ennuis particuliers.

---

1. Jean Kahn (1929-2013) a été président du Consistoire central israélite de France et du CRIF, vice-président du Congrès juif mondial.

Après, nous sommes allés à Saint-Julien-Chapteuil, qui est le village natal de Jules Romains. C'est là qu'il avait identifié les caractères des personnages qui ont servi à l'écriture de *Knock*. On a connu tous ces personnages, le tambour, le docteur… Et on a vécu paisiblement là-bas sans voir un seul Allemand jusqu'à la fin des hostilités.

Les habitants du village savaient-ils que nous étions juifs ? Quand nous sommes arrivés, je vois que sur les papiers il est indiqué que nous ne sommes pas juifs. Sur les papiers, nous n'étions pas juifs, il n'y avait aucune trace de rien. Il n'y avait pas de « J », donc nous n'étions pas juifs pour eux. Il n'y avait pas beaucoup de Juifs dans le village. Peut-être une demi-douzaine, et les habitants au fond ne savaient pas ce que c'était que d'être juif. Ma sœur a dit qu'elle avait parlé avec une dame qui se représentait, à l'époque, à Saint-Julien, les Juifs avec les pieds fourchus et une petite queue derrière… Non, les villageois ne savaient pas, je ne crois pas. Je sais qu'ils voulaient me convertir car ma mère avait dit que nous étions orthodoxes.

Pour les gens, nous étions donc roumains, roumains orthodoxes. Et moi, je suis allé à l'école des Frères des écoles chrétiennes, et ma sœur, à Saint-Joseph, l'école religieuse des filles. Il y avait l'école publique, laïque, et puis ces deux écoles de congrégation, une pour les filles et l'autre pour les garçons. J'étais le premier en histoire sainte. Bon, j'aimais l'histoire. Bien entendu, j'aimais aussi l'église. L'église de Saint-Julien-Chapteuil est très jolie, c'est une vieille église. Il y avait l'odeur de l'encens, il y avait les costumes, à l'époque, des enfants de chœur… Mon ambition, c'était alors d'être enfant de chœur. Ma mère a répondu au curé ou à l'abbé qui voulait me convertir qu'il fallait attendre, que mon père était prisonnier de guerre, que quand il reviendrait, on verrait. Moi, je n'étais pas content… J'étais catholique, finalement. Comme religion, la seule que j'aie eue, comme croyant, pendant quelques mois, c'était catholique, parce que l'église me plaisait beaucoup. J'ai été frustré, je ne suis pas devenu enfant de chœur. En tout cas, c'était une vie normale.

L'absence de mon père ne pesait pas tellement. Parce qu'il se retrouvait dans une situation que nous connaissions déjà, celle de prisonnier. C'était un moment à passer, et finalement, l'aboutissement que je voyais, c'était le retour, comme la dernière fois, c'est-à-dire le voir arriver et tout le monde est content. Je n'ai pas éprouvé d'inquiétude majeure. Ma mère, sans doute, en avait. Peut-être avait-elle des informations. Ce qui fait que le temps passait sans me marquer particulièrement. Et, comme je disais aux autres que mon père était prisonnier de guerre, pas prisonnier de la police, je n'étais pas inquiet, franchement, je pensais qu'il rentrerait. Et ma sœur aussi. Elle tricotait, comme elle l'avait fait, une longue écharpe ou un pull. Avec l'idée de voir notre père revenir avant que l'écharpe ne soit terminée. C'était la garantie du retour.

Je ne crois pas qu'à l'époque ma mère savait ce que c'était que la déportation. Je dois dire d'ailleurs que c'est à ce moment-là que j'ai eu des premières réflexions, je dirais presque politiques. C'est ma mère, l'influence de ma mère qui m'a marqué, dans la mesure où, lorsqu'on écoutait la radio, on entendait les annonces de bombardement des villes allemandes. Ma mère était triste parce qu'elle connaissait ces villes et que pour elle, tous les Allemands ne méritaient pas de mourir sous les bombes. Ça m'avait frappé, à l'époque, et ça m'a donné un peu le sens des nuances. Je suis de ceux qui considèrent par exemple que tous les Allemands n'étaient pas coupables. Il est certain que c'est à ce moment-là que je l'ai ressenti assez fortement d'autant que j'entendais les autres autour de nous se réjouir des bombardements. Ils n'avaient pas tort, militairement parlant, mais humainement, c'est vrai qu'on ne peut pas se réjouir de savoir que des enfants sont brûlés vifs.

Au Lutetia, nous attendons mon père

Je ne me souviens pas d'avoir entendu parler du Débarquement. Sans doute, je l'ai entendu, sans doute, je l'ai enregistré, mais c'est resté en surface. Le souvenir que j'ai ensuite, c'est la libération du Puy, et que ma mère y est allée… Ce qui m'avait frappé, c'est que le colonel allemand n'avait pas été arrêté. Enfin, c'était la légende. Il avait probablement été arrêté, mais voilà, le fait est qu'il a été gentil, enfin, qu'il n'a pas poursuivi les Juifs… Parce que peut-être qu'il n'a pas été tellement gentil avec les résistants. Ça, c'est encore un autre problème. Non, je sais qu'il y a eu une polémique entre certains mouvements de la Résistance concernant le comportement du colonel allemand du Puy. Mais en tout cas, il y en a une partie qui lui a conservé une certaine reconnaissance de ne pas s'être intéressé aux Juifs.

C'était tout près du Chambon-sur-Lignon, mais c'était une partie catholique. Complètement catholique. L'atmosphère était bonne. Et quand nous sommes revenus, plus tard, ma sœur et moi, on a été accueillis très chaleureusement par les gens de Saint-Julien-Chapteuil.

Nous sommes rentrés à Paris en octobre 1944. Le voyage a été dur, long, parce que les ponts étaient coupés, il fallait marcher. L'Allemagne n'était pas conquise, la guerre n'était pas finie donc, il y a eu des moments difficiles. Il y a eu des bombardements, il y a eu l'offensive dans les Ardennes qui a quand même déclenché, pendant deux, trois jours, une panique. Ensuite, il y a eu la Libération… la victoire. Je me souviens bien de la victoire. On attendait le retour de mon père. Et j'allais avec ma sœur et ma mère à l'hôtel Lutetia. Comme beaucoup d'autres.

Nous nous sommes rendus à notre appartement. Chaque fois que j'entre dans la boulangerie qui est à vingt mètres de l'immeuble où j'habitais, j'entre là-dedans comme en 1944, c'est-à-dire que j'ai presque envie de dire à la boulangère, qui doit être la dixième boulangère depuis la guerre : « Voilà, eh bien, je suis rentré ici, un jour, en 1944. » Ça fait déjà soixante ans, ou plus. Et on est arrivés à l'appartement, j'ai revu le décor d'avant la guerre, mais il y avait un couple de Français qui nous a reçus sèchement, parce que, pour eux, sans doute, c'était une tragédie de quitter l'appartement. Mais ils ne l'ont pas quitté. Ils ont même été désagréables.

Ils ont dit qu'ils étaient de bonne foi, et qu'on leur a donné l'appartement, que ce n'était pas un appartement dont nous étions propriétaires. À l'époque, il y avait très peu de gens propriétaires de leur appartement. Les gens étaient propriétaires d'immeubles, mais pas d'appartements. Et… ils nous ont dit de nous en aller, en gros. Enfin, on a compris qu'il fallait partir. Et on est partis. Nous n'avons pas récupéré l'appartement avant au moins un an.

On a fait un procès. La procédure aboutissait en général en faveur du Juif évincé… Mais il fallait le temps, et quand on l'a récupéré, bien entendu, nos prédécesseurs avaient arraché tous les papiers, enlevé tous les clous. Ils avaient dévasté l'appartement, on peut dire. Mais on était tellement heureux de le récupérer. Parce que là aussi, il a fallu errer de logement en logement, d'hôtel en hôtel. C'était très triste. Et puis ma mère était toujours coupée de la Roumanie. La Roumanie, c'était un autre monde… les frontières… Elle savait que ses parents avaient survécu, mais elle ne pouvait pas recevoir de l'argent de sa famille. Donc, on était dans des conditions difficiles, à Paris.

Ma mère est entrée à l'OSE. Ce n'était peut-être pas tout à fait l'OSE, c'était peut-être le Cojasor [1], dédié à l'accueil des déportés. Il y a une photo qui est là, et qui la montre, avenue Secrétan. Ma mère était secrétaire. Dans le bureau derrière, il y avait le docteur qui accueillait et elle prenait les renseignements comme secrétaire médicale. L'école Lucien-de-Hirsch s'était transformée en dispensaire. Je l'accompagnais, d'ailleurs. J'ai vu le retour des déportés et parfois j'ai été témoin de batailles, parce qu'il y en avait qui reconnaissaient quelqu'un qui s'était mal conduit, alors il y avait des hurlements affreux. Et puis les gens étaient très maigres, en mauvais état.

J'avais neuf ans, eh oui, je savais ce que c'était un déporté. Je savais que beaucoup avaient péri. Mais moi, j'ai appris la mort de mon père au mois d'août 1945.

Nous sommes allés au Lutetia en avril-mai avec sa photo… Et quelqu'un, un Grec, a reconnu mon père. Et là, il a dit : « Voilà, j'étais à l'infirmerie de Monowitz [2], et votre père… » Enfin, il l'a reconnu.

---

1. Le Cojasor est le Comité juif d'action sociale et de reconstruction, fondé en 1945.

2. Monowitz-Buna, établi dans la localité de Monowitz, est un des trois ensembles de camps de concentration et d'extermination d'Auschwitz.

Je ne me souviens plus des mots exacts, s'il l'a reconnu par le nom ou par la photo.

Il nous a dit que c'était au mois d'août 1944, qu'il était en très mauvaise condition, mais il remontait encore le moral de ses camarades. C'était un indice, pour moi, de la date à peu près à laquelle, plus tard, il a péri. Par ailleurs, il y avait un avocat, maître Stern, qui a fait un témoignage. Il a témoigné, au procès de Nuremberg, qu'il était parti avec mon père et que mon père avait aidé les autres pendant le voyage. Il avait recherché ses traces après avoir été libéré par les Russes, en janvier 1945. Il n'en avait pas retrouvé.

J'ai compris que mon père était mort

Il y avait cela et puis le témoignage de ce Grec, et le fait que mon père ne revenait pas, et qu'on n'avait pas de nouvelles de sa survie.

J'ai oublié de citer une lettre que nous avait envoyée mon père, de Drancy. C'était une page, un petit format, un demi-feuillet où il me disait : « Maintenant, c'est toi le chef de famille. » Mais on a perdu la lettre, et je n'ai plus, mot à mot, son message. Enfin, il devait nous annoncer son départ, puisqu'il est arrivé le 3 ou le 4 octobre 1943 à Drancy, et il en est reparti le 28 octobre par le convoi 61.

J'avais huit ans… À l'époque, les hommes sont les chefs de famille, et il ne restait que moi, alors je devenais le chef de famille, ce qui n'était pas vrai du tout. C'était finalement ma mère qui est restée cheffe de famille. Mais c'était un mot à mon intention. Et en août 1945, oui, je suis à Ferrières, dans le château des Rothschild, un château extraordinaire où avaient eu lieu une rencontre historique entre Bismarck et Jules Favre, en 1870 durant le siège de Paris. Et dans ce château, qui avait été occupé, pillé par les Allemands, il y avait énormément d'armes, de munitions. Il y avait un petit train qui desservait le château à partir des cuisines. Il y avait des souterrains. C'était extraordinaire... Il ne fallait surtout pas mettre des enfants dans ce château, parce qu'il y avait de quoi s'entre-tuer. Il y avait un trafic d'armes terrible ! Nous, on ramassait les armes et puis on les donnait à des plus grands qui les revendaient... C'est là que j'ai appris par une lettre que ma mère avait la certitude que mon père était mort. Je me suis enfui de Ferrières. J'étais sans doute marqué par cette nouvelle. En tout cas, je voulais rejoindre ma mère.

Elle m'écrivait qu'elle avait la certitude qu'il était mort. Qu'il n'y avait pas la preuve absolue, mais qu'elle en avait la certitude. Et j'ai compris qu'il était mort. Je n'ai pas la mémoire de ce qui s'est passé, mais j'ai entendu dire que tous ceux qui devaient rentrer étaient rentrés, donc je n'avais plus d'espoir. Et je me suis enfui de Ferrières. Je suis rentré, sans un sou, de Ferrières à Paris, en charrette-stop, en auto-stop, en train-stop. Mais je suis revenu, et puis ma mère m'a gardé le reste des vacances. Rejoindre ma mère, c'était quand même une consolation par rapport à vivre dans un dortoir, dans des conditions qui n'étaient pas tellement chaleureuses. Les colonies de vacances d'hier, ce n'était pas comme aujourd'hui. Donc, je suis rentré à Paris. Nous étions alors en août 1945.

Je ne crois pas que j'ai pleuré à ce moment-là, mais j'ai arrêté de croire en Dieu. Ça, c'est certain. À la seconde même, j'ai arrêté de croire en Dieu. Et... comment dire ? Oui, c'est difficile de réaliser. Il faudrait une cure psychanalytique pour me remettre dans ces conditions. Mais ce dont je me souviens, c'est que j'ai perdu toute foi en Dieu, à ce moment-là.

La vie difficile après l'annonce

L'atmosphère de notre vie quotidienne a changé. Je n'ai pas pu parler immédiatement après la nouvelle à ma sœur. Elle était ailleurs. Quatre ans de plus, ça fait alors dix ans pour moi, quatorze ans pour elle. Elle était dans d'autres lieux de vacances, et non, je n'ai pas parlé avec elle. La vie est devenue beaucoup plus pesante du point de vue familial. Ma mère devait affronter une situation matérielle difficile et s'occuper de l'éducation de deux enfants.

Nous étions dans une situation instable. Selon les appartements où nous vivions, jusqu'à ce qu'on ait récupéré notre logement d'avant-guerre, je suis allé dans différentes écoles. À l'époque, le régime des écoles n'était pas très sympathique, il fallait manger, on nous y obligeait, ce n'était pas bon. On nous tapait sur les doigts avec des règles.

Bon, déjà, on pouvait aller à l'école, elle était gratuite. Mais ma mère m'a mis finalement à l'école Maïmonide à Boulogne-Billancourt ; à l'époque, comme elle travaillait dans une organisation juive, c'était plus simple. Donc, je suis passé de l'école religieuse catholique à l'école Maïmonide, de la foi en Dieu à l'absence de foi, mais dans une école juive. Les prières, je me suis refusé à les apprendre, je marmonnais, j'avais un petit béret, j'avais l'air d'un Juif. Mais religieusement, je n'ai pas suivi le cursus normal.

D'autres enfants avaient perdu leurs parents mais on n'en parlait pas, justement parce que c'était presque la règle. Là, à Maïmonide, j'ai eu la certitude que j'étais juif, parce qu'on allait quand même à la synagogue à côté. L'enseignement était très libéral, parce que les conditions étaient chaotiques. Il n'y avait pas de chauffage, les cours étaient très irréguliers. Ce qui n'empêchait pas que tous ceux qui se présentaient au bachot l'obtenaient. Mais moi, j'étais dans les petites classes.

Je me souviens que l'économe, l'intendante, c'était la mère de Daniel Cohn-Bendit. J'étais interne, ce n'était pas loin de chez moi, ma mère devait travailler. Je la voyais quand même assez régulièrement, chaque semaine.

Départ pour la Roumanie

Ma mère parlait des camps, et d'Auschwitz, parce qu'elle avait quelques amis juifs. L'un avait perdu sa femme. Les autres en avaient réchappé. Ils parlaient de la guerre. Moi, je n'en parlais pas mais j'écoutais. Sans être particulièrement attaché à retenir ce qui se disait. Je me souviens, c'était au square Léon-Guillot, dans le 15e, on allait voir une amie très chère de ma mère, et on revenait à pied, parce que c'était tard dans la nuit, il n'y avait pas de bus ni de métro. Elles parlaient, en russe, de ce qui s'était passé, et moi je lisais des récits de guerre ou bien le Coran. J'ai lu le Coran, vous voyez, à onze ans, ou une partie du Coran, mais comme un récit d'aventures… L'école, c'était très irrégulier pour moi… On ne peut pas dire que j'avais l'amour de l'étude, loin de là.

Ma mère n'a pas accompli de rite de deuil pour mon père. La seule chose qu'elle ait faite, ça devait être en 1947 ou 1948, je ne me souviens plus de l'année, c'était avec l'association des Bessarabiens qui était une association active procommuniste, d'ailleurs. Il y avait un monument avec les noms des Juifs déportés au cimetière de Bagneux. Elle a fait inscrire le nom de mon père sur la liste. Mais sinon, le rite de deuil, non, parce que je suppose que chez les autres, c'était pareil… Il n'y avait pas beaucoup de Juifs religieux autour de nous, il y en avait de moins en moins, certainement. Il n'existait pas de rites de deuil pour ceux qui n'étaient pas religieux, tout simplement.

Nous sommes partis, quelque temps, en Roumanie. On aurait dû y rester, normalement. Enfin, on était partis pour ne pas revenir, bien que ma mère fût prudente, elle avait pris un visa de retour. Puisqu'elle était roumaine, moi j'étais roumain, mais ma sœur était française. Nous avons pris le premier train de Paris à Bucarest, le premier qui a été remis en service. C'était le 1er novembre 1946, et le voyage a duré quatre jours parce qu'il fallait franchir toutes les zones d'occupation, tous les contrôles. Chaque pays avait plusieurs zones d'occupation. Le premier pays riche que j'ai vu, c'est la Roumanie. C'est le pays le plus pauvre d'Europe aujourd'hui. C'était alors un pays de cocagne, parce qu'il n'y avait pas de tickets d'alimentation ni de rationnement, la bourgeoisie pouvait avoir tout ce qu'elle voulait. C'était un pays agricole. Il y avait des voitures américaines. C'était extraordinaire de voir un pays aussi riche. Tout le monde n'était pas riche, mais ceux qui l'étaient pouvaient vivre vraiment dans l'aisance. Donc, on a été transférés d'un univers à un autre.

Il s'est produit un épisode marquant durant le voyage. Nous avons pensé, ma sœur et moi, qu'on allait être séparés pour de bon de notre mère. Mais en réalité, c'est parce que le train s'arrêtait à Budapest, et comme il s'arrêtait longtemps, toujours, dans les gares, ma sœur et moi nous sommes allés acheter quelque chose à boire ou à manger. Tout d'un coup, on entend un bruit, on voit le train qui repart et ma mère qui crie à la fenêtre. On a couru, mais on ne pouvait plus monter. Les soldats russes nous ont empêchés de courir après le train. Et puis ils nous ont consolés. Mais le train est revenu parce qu'il avait fait simplement une manœuvre en dehors de la gare. Budapest reste lié à ce souvenir de ma sœur et moi en train de pleurer sur le quai de la gare d'avoir perdu notre mère.

J'étais très attaché à ma mère, très, très attaché. Au point, effectivement, de ne pas concevoir de la quitter. Même après, je ne l'ai jamais quittée. Ma sœur non plus. Moi, moins encore que ma sœur, puisqu'elle a fait quelques voyages et a vécu un an à Moscou. Mais moi, non, je ne l'ai pas quittée parce que c'était un lien tout à fait naturel. On avait été dans des situations difficiles. Elle a joué le rôle de mère de famille. Alors, non, je ne l'ai jamais quittée.

Ça veut dire que j'ai toujours vécu avec elle. Oui, jusqu'à la fin. Sauf qu'elle est morte dans les bras de ma sœur, puisque c'est ma sœur qui est partie avec elle à Nice en avril 1981. Mais sinon… Je crois qu'elle m'a épargné… je veux dire de mourir pendant que j'étais là. C'est ma sœur qui a eu la difficile épreuve d'être présente. Mais c'est normal, en quelque sorte…

D'ailleurs, cette histoire se perpétue puisque nos enfants sont encore là, à vivre avec nous. Ils partent de temps en temps. Ils partent mais ils reviennent. Les enfants sont très liés, oui. Si Beate et moi nous nous sommes mariés, c'est qu'il doit y avoir des points communs, et elle n'avait pas eu une vie tellement heureuse dans sa famille. Il n'y a pas eu chez nous de conflit de générations. Avec ma mère, je n'en ai jamais eu, ni avec les enfants. En tout cas, avec mon fils, on n'a jamais eu de conflit du tout.

Ils ont tous survécu

En Roumanie, on retrouve la famille de ma mère. La famille de mon père aussi a survécu. Ils ont tous survécu. Les Juifs roumains, en général, sont très égoïstes. Ce qui fait que j'avais des cousins qui n'avaient jamais entendu parler de leur oncle. Ils s'en sont souvenus quand il fallait, après… Enfin, quand le communisme les a laissés partir, arrivés en France, ils ont bien affiché qu'ils avaient un oncle qui était mort pour la France. Ou un frère mort pour la France. Mais sinon, ils avaient vécu une vie normale, en sachant qu'ils étaient menacés… Ils avaient survécu, les Juifs de la Roumanie historique, en bloc. Ils n'avaient pas eu le sort des Juifs massacrés par les Roumains, des centaines de milliers de Juifs en Bessarabie, en Bucovine, en Transnistrie et en Russie, même en Crimée, à Odessa. Donc, ils n'ont pas subi cette sauvagerie roumaine qui s'est abattue sur tellement de Juifs. Eux ont survécu. Alors, quand on est arrivés dans la famille de ma mère, on a retrouvé mes grands-parents, et eux ont retrouvé leur fille. Dans la famille de mon père, mes grands-parents étaient morts depuis longtemps, vers 1929 ou 1930. Les oncles et tantes étaient amicaux, ils compatissaient au sort de ma mère. D'un autre côté, ils ne se rendaient pas compte qu'ils avaient, avec la Russie, la menace du communisme qui planait sur leur tête. Et ils ont été pris dans cette situation comme beaucoup de Juifs ont été pris sous l'emprise nazie. Ils ne s'y attendaient pas du tout parce que la Roumanie vivait un régime tout à fait libéral, et d'un seul coup, elle est passée au communisme après le partage de Yalta. Pas seulement en raison des accords de février 1945 (qui n'ont pas été annoncés officiellement), mais du fait de la prise du pouvoir par les communistes après Yalta et la conférence de Potsdam en juillet et août 1945.

La prise de pouvoir par les communistes a eu lieu en 1947. Nous, nous étions entrés au lycée français, à Bucarest. On pensait vraiment rester en Roumanie. Mes grands-parents avaient de l'argent, des biens. Et puis, nous nous sommes retrouvés dans cette situation… Il y avait les élections… Déjà, ma mère sentait ce qu'il se passait, parce que les miliciens communistes venaient dans les immeubles, frappaient aux portes des appartements. Ils disaient : « Il faut voter pour nous… » Je crois que c'était le soleil qui devait être l'emblème communiste : « Il faut voter pour le soleil. » Alors, mon grand-père devenait très cassant et se disputait avec eux… Il y avait des éclats de voix. Puis les élections ont eu lieu. Le Parti communiste a pris le pouvoir. Je me souviens bien que ma mère s'était disputée avec ses parents qui voulaient qu'elle reste en Roumanie. Elle a dit : « Après la Gestapo, la GPU [1], non, ça, je ne veux pas. » Elle est allée, avec moi, voir le commandant militaire de la place de Bucarest, parce que nous étions roumains, qu'on ne pouvait pas sortir ! Il fallait un… – j'allais dire un *Ausweis* –, il fallait un laissez-passer pour quitter la Roumanie et pour pouvoir franchir la frontière, traverser la zone russe, passer le contrôle russe. Elle a été accueillie par un vieux militaire qui en dépit de son âge n'avait pas de grade, et elle a dit qu'elle voulait voir le colonel Borissoff. Je me souviens même de son nom. Il a dit : « Suivez-moi », en russe. Il est entré dans un bureau, c'était lui le colonel Borissoff. Alors, ma mère lui a dit : « Voilà, ma

1. La GPU ou Guépéou était le nom de la police d'État soviétique de 1922 à 1934. Précédé par la Tchéka, il a été remplacé par le NKVD.

fille est française. Nous sommes partis de France, mais je pensais rentrer au bout de quelques semaines, pour que les enfants reprennent leurs études à Paris… » Elle a plaidé sa cause. Il a compris sans doute. Ça devait être un vieil officier tsariste devenu communiste. Il a donné le laissez-passer. Et ma mère lui a donné le porte-bonheur qu'elle avait toujours pendant la guerre, c'était un rouble en platine de la tsarine Élisabeth. Elle le lui a donné mais ça ne lui a pas porté chance, puisque je crois qu'il a été limogé peu de temps après. Mais en tout cas, nous avons pu repartir. Cette visite a dû se passer un samedi, et le mardi, on montait dans le train pour Paris. On a refait le chemin en sens inverse… Nous avons vraiment eu de la chance parce que tous mes oncles ont été arrêtés, ils ont eu des tas de problèmes. Leurs enfants sont devenus communistes, avant de ne plus l'être… Finalement, tout le monde est parti en France ou en Amérique du Sud. Toute la famille a quitté le pays.

Il n'y a plus personne là-bas. Encore que maintenant, il y en a qui reviennent. Parce qu'ils peuvent désormais récupérer leurs hôtels particuliers… ce sont des va-et-vient.

Des réflexes de pourchassé

Nous retournons en France au début de l'année 1947. Ma mère ne retrouve pas son travail, parce que pendant le temps de notre absence quelqu'un d'autre a pris la place, et elle commence une série de métiers divers : représentante en lingerie, en vêtements d'enfants. Des phases de travail qui alternent avec des moments de chômage. À l'époque, elle devait être une des rares chômeuses puisqu'il n'y en avait pas. Elle a été représentante, essentiellement. Ensuite, elle a trouvé un emploi de vendeuse dans un petit magasin de parfumerie, rue Laffitte. On a vivoté, c'était difficile pendant des années.

Je suis allé au lycée, mais je me suis mal conduit. C'est-à-dire… il y avait un professeur très méchant, qui me tapait à coups de règle, qui m'apprenait, par la terreur, le latin, et j'ai fait l'école buissonnière pendant une quinzaine de jours. À la fin de l'année, on a conseillé à ma mère de me retirer de l'établissement. Je suis allé au collège à Châteaudun. Parce que ma mère avait une amie dont le fils, qui avait déjà seize ans, était là-bas. Ma mère pensait que je serais bien nourri. Lui, il jouait au poker, alors il arrivait à s'en sortir. Moi je n'y jouais pas du tout, et c'était très difficile, parce qu'il n'y avait que des ruraux qui avaient à manger et qui ne partageaient pas. La nourriture habituelle était mauvaise, donc je n'étais pas en bonne condition physique. Ma mère ne voulait pas me croire parce que dans son esprit, si je vivais à la campagne, c'est que j'étais certainement bien nourri. J'ai passé une année vraiment mauvaise, je me suis enfui de là-bas aussi.

Je me suis caché dans un grenier, parce que je ne voyais pas le moyen de rentrer à Paris. Je crois qu'ils avaient mis un avis de disparition dans les journaux. J'ai réapparu, à leur grande stupéfaction, au bout d'un certain temps, enfin, au bout de deux ou trois jours. Mais ils étaient vraiment méchants, les pions étaient méchants. Il fallait s'agenouiller sur des règles qui coupaient les genoux. J'ai gardé un bon souvenir en revanche de la nature, du château. Il y avait un très beau château, une belle rivière. On prenait une barque, le samedi, et on pouvait rêver. Ça, c'était très sympathique.

Je me suis plusieurs fois enfui, caché. Certainement une reproduction de ce que j'avais connu pendant la guerre. Je me rappelle un jeu, aux Éclaireurs israélites [1], où il fallait échapper à la recherche d'un groupe. Une fois, je me suis si bien échappé que tout le monde me cherchait. Je m'étais bien sauvé le plus loin possible dans la forêt. C'était un réflexe de pourchassé. C'était pour reproduire ce que nous avions vécu en temps de guerre. Les temps de guerre favorisent un certain individualisme, c'est peut-être regrettable mais on ne peut pas y échapper.

Quand je suis retourné à Paris, j'ai fait très régulièrement l'école buissonnière. C'est un peu la même chose. Une fois, le préfet de police m'a dit : « Venez, si vous voulez, je peux vous faire visiter la préfecture. » J'ai dit : « Vous savez, quand on entre dans la préfecture… » Je veux dire, ce réflexe est naturel. Ma mère disait toujours : « Même un criminel nazi, s'il était poursuivi par la foule, je lui ouvrirais la porte », par exemple. Comme quand on voit un animal qui est tout seul… Enfin bon, c'est quelque chose que beaucoup de Juifs partagent.

Inconsciemment, je continuais à attendre le retour de mon père. Il m'est arrivé, au fil des

1. Les Éclaireurs israélites ont été créés en 1923 sous l'inspiration des camps de scouts protestants.

années, de rêver qu'il revienne. Mais là aussi, c'est une situation psychologique partagée par beaucoup, d'espérer ce dont on a rêvé, au fond de soi. Oui, j'ai rêvé plusieurs fois qu'il revenait. Avec ma mère, c'est pareil. Maintenant, elle est morte depuis vingt-cinq ans, mais j'ai gardé quand même le contact avec elle. La nuit, je rêve assez souvent d'elle. Beaucoup plus souvent que de mon père. Et je parle avec elle ; j'essaye de ne pas y penser le jour, de bloquer les pensées. Mais la nuit, la nuit, ça se débloque. Et je crée un rêve où je la rencontre. J'assume plus facilement, parce que je continue à la voir, à parler avec elle… Et dans mon rêve, je me dis, de temps en temps : « Mais ce n'est pas possible, elle est morte ! » Donc, je me réveille. Mais en tout cas, le contact est quand même continu avec elle. Et plus rarement avec mon père.

Je savais qu'il était mort. Je n'ai jamais cru le voir dans la rue. C'était uniquement l'inconscient. Je n'ai jamais eu l'espoir qu'il était en Russie ou qu'il avait rencontré la princesse charmante et qu'il était ailleurs. Ou qu'il était amnésique. Et je n'ai jamais rêvé ça. Mais j'ai rêvé, encore, il n'y a pas très longtemps, quelques années, très, très intensément, qu'il rentrait et qu'il était âgé, mais que c'était lui. J'y croyais, là, j'y croyais pendant tout mon rêve.

L'abandon des préjugés sur l'Allemagne

J'avais des préjugés. Je n'aimais pas les Allemands. Je n'ai pas pris l'allemand comme première ou seconde langue. J'ai choisi le latin, le grec, l'anglais. Je me refusais à tout contact, d'ailleurs à l'époque il n'y en avait pas beaucoup. Mais j'aurais pu apprendre l'allemand. J'étais bloqué vis-à-vis de l'Allemagne. C'était tout à fait normal.

Ce qui m'a débloqué, c'est le livre *La Rose blanche*. C'est ce livre-là, un petit livre d'Inge Scholl, la sœur de Hans et Sophie Scholl, du nom du mouvement étudiant de la Rose blanche [1]. Il est

1. La Rose blanche, groupe de résistants allemands, a été fondée à Munich au printemps 1942 dans un atelier de peinture. Chrétiens refusant le totalitarisme, ses membres distribuent des tracts. Littéraires, inspirés par les philosophes et par la Bible, ils parviennent à se développer dans plusieurs villes d'Allemagne. Arrêtés, condamnés à mort, les trois principaux résistants, Hans Scholl, Sophie Scholl et Christoph Probst, sont guillotinés le 22 février 1943.

question de quelques étudiants et enseignants qui se sont opposés au nazisme. Je dirais qu'ils ne l'ont pas fait pour renverser le nazisme, parce que leur opposition s'est limitée à distribuer des tracts et à dire que Hitler salissait le peuple allemand, l'Allemagne et qu'il fallait réagir. Mais il n'y a pas eu de complot, d'assassinat, il n'y a pas eu de violence. J'ai eu le sentiment qu'ils s'adressaient, au fond, à moi ou à des gens comme moi, et qu'ils disaient de donner une autre chance à l'Allemagne. Ils n'étaient pas communistes. Ils n'étaient pas extrémistes… Ils essayaient de montrer que tous les Allemands n'étaient pas nazis et qu'il fallait juger les gens d'après ce qu'ils étaient. Or ils étaient des gens bien : ils ont simplement distribué des tracts, mais ils savaient qu'ils allaient mourir. Parce que dans un milieu hostile, en général, ils ne pouvaient pas survivre très longtemps à distribuer des tracts, même en essayant de vivre dans la clandestinité. Ils savaient comment ils allaient mourir et ils ont été décapités à la hache. C'est quand même un sacrifice extraordinaire. Et ce n'est pas le sacrifice d'une personne, c'est un sacrifice important. Donc une petite minorité peut, avec le temps, changer le point de vue de quelqu'un comme moi. Ils étaient la preuve que même quand on n'a pas les moyens, quand on a très peu de moyens, on peut faire des grandes choses.

Ça a été un enseignement très fort pour moi. J'ai lu le livre, et puis j'en ai eu terminé avec les préjugés en général. Ma mère, même ma sœur aussi d'ailleurs, jugeait les gens sur ce qu'ils étaient. Elles ne jugeaient pas les gens d'après les étiquettes. On n'a pas eu à rencontrer d'Allemands, donc on n'a pas eu à exercer notre volonté sur ce sujet-là. Mais mes préjugés ont disparu. C'est-à-dire que j'ai dit : « Je jugerai les gens sur ce qu'ils sont et pas sur leur étiquette ou sur leur couleur de peau. » Il faut dire qu'à propos de couleur de peau, le racisme était quand même courant, même chez les Juifs. Les Juifs qui allaient à l'école, en France, apprenaient que les Noirs étaient des sauvages, des barbares… Et quand je suis arrivé en hypokhâgne, le premier thème latin… Moi j'avais moins vingt ou moins trente, en thème latin, et le premier de l'hypokhâgne, c'était un Noir qui avait une très bonne note. Le professeur lui a demandé : « Mais comment se fait-il que vous sachiez si bien le latin ? » C'était le premier test. Il a dit : « Mais monsieur, c'est parce que je pense en latin. » Alors, quand on a vu ça, on se dit que c'est terminé, les préjugés. C'est terminé.

Le voyage en Israël

Cela dit, bien entendu, je conservais mon ressentiment vis-à-vis de l'ensemble des Allemands qui avaient suivi Hitler, vis-à-vis des criminels, des dirigeants, de la mentalité qu'il fallait changer. Mais pas vis-à-vis de chaque individu que j'allais rencontrer. C'est à peu près au même moment, en 1953, que je suis allé en Israël. Ma mère m'avait inscrit à un voyage, et je voulais y aller parce qu'il y avait des camarades qui y partaient, dont un copain du lycée qui est devenu un très grand chirurgien : Daniel Marchac. J'ai décidé d'y aller aussi. À l'époque, il faut dire qu'on n'avait pas d'argent. La colonie de vacances pour Israël était subventionnée par les mouvements sionistes, donc ça coûtait très peu pour ma mère. En même temps, j'avais un lien avec Israël, profond.

Un lien qui s'est créé en 1947-1948, quand j'étais à Châteaudun ; je me faufilais à quatre pattes devant la loge du concierge, et j'allais à la petite librairie-papeterie voir les titres des journaux pour savoir où en était le conflit entre les Arabes et les Juifs. Je ne peux pas savoir d'où ça me vient, cet intérêt pour la guerre d'indépendance… C'est apparu comme cela, et j'avais gardé ce lien. Ensuite, d'ailleurs, j'étais allé aux Nations unies, à Paris. On m'avait demandé, c'était en 1948, de faire un exposé sur un sujet de mon choix. J'avais choisi les Nations unies. Le conflit entre les Arabes et Israël se discutait très durement, donc j'avais fait un petit exposé sur ce que j'avais vu au Trocadéro. Et je suis parti pour Israël.

Une fille qui y partait aussi m'a amené, pour la première fois, à la cérémonie de commémoration de la rafle du Vél' d'Hiv le 16 juillet. Et c'est là que j'ai appris, en 1953, en parlant avec les personnes présentes, que c'est la police française qui avait arrêté les milliers de Juifs internés au Vél' d'Hiv.

Il n'était pas question de m'installer là-bas, peut-être si je n'avais pas aimé ma mère comme je l'aimais, mais il n'en a pas été question non plus parce que la propagande israélienne était aussi mauvaise qu'elle peut l'être encore aujourd'hui. C'était subventionné pour favoriser l'immigration, mais en même temps, au kibboutz, qui était vraiment très sympathique, qui s'appelait Géva, un kibboutz de Juifs hongrois essentiellement, le délégué de l'Agence juive était vraiment insupportable. C'était la haine contre la France : « Vous devriez quitter la France », disait-il. Tout de suite il fallait suivre des cours d'hébreu, mais pas d'une façon joyeuse, de manière plus scolaire encore qu'au lycée. Alors, nous enrégimenter comme cela… Mon ami Marchac et moi, nous avons poussé la fenêtre du secrétariat du kibboutz au bout d'une dizaine de jours, nous avons chipé nos passeports et nous sommes partis à travers Israël. On est allés jusqu'à Eilat. On a parcouru l'Israël de l'époque. J'avais encore une tante là-bas, venue de Roumanie. J'ai donc connu ce pays en 1953, je peux apprécier la différence avec aujourd'hui.

J'aurais donné dix ans de ma vie pour avoir pu faire la guerre

Quand je commence mes études, je n'ai pas d'ambition particulière. Aucune. L'insouciance la plus totale, l'inconscience la plus totale, je fais mes études avec l'impression que je serai professeur, et je ne me pose pas de questions. D'une certaine façon, ça m'a peut-être aidé d'être insouciant. J'ai commencé des études d'histoire, mais j'étais furieux parce qu'il y avait de la géographie physique. Je détestais la géographie physique, les coupes, je ne pouvais pas supporter ça. Je ne comprenais pas pourquoi la géographie devait être associée à l'histoire, surtout la géographie physique. La géographie économique, démographique, tout ce qu'on veut, mais physique, je ne comprenais pas pourquoi. C'était une décision de Napoléon : les professeurs devaient enseigner et l'histoire et la géographie. J'ai fait un blocage sur la géographie physique, et je n'ai pas voulu préparer ni le Capes ni l'agrégation.

J'ai eu mon DES d'histoire, ensuite je suis passé à Sciences Po, et j'ai réussi mon diplôme dans de bonnes conditions. Je voulais faire mon service militaire. Ce qui est inconscient… Pourquoi faire le service militaire si on peut y échapper, ce d'autant que j'étais exempté d'Algérie ? L'insouciance m'a encore servi, parce que j'ai fait mes classes, je suis arrivé au ministère des Armées, et je suis parti en fausse permission, en Italie.

Ça veut dire qu'en 1961, je suis parti sans permission aux sports d'hiver, trois jours, et je suis revenu la veille du putsch. Si j'avais voulu revenir le lendemain, j'aurais été désigné comme déserteur. J'ai eu beaucoup de chance. Je suis revenu, il y a eu ce putsch. J'avais des sentiments républicains, avec deux camarades, dont un est Philippe Gildas [1] de la télévision, nous avons été les seuls à nous présenter comme volontaires au ministère des Armées. Et moi, on m'a mis au téléphone, en relation avec la sécurité militaire en Algérie. J'ai eu du mal avec le téléphone, vous savez, appuyer sur les petits boutons. Mais le

1. Philippe Gildas (1935-2018) a été journaliste, animateur de radio et de télévision et producteur. Il a animé, avec Antoine de Caunes, l'émission culte *Nulle part ailleurs*.

lendemain, le putsch s'est effondré. Comme on avait confiance en nous trois, on nous a donné une douzaine de secrétaires, et on nous a demandé d'écrire le livre blanc des événements d'Algérie, en nous fournissant tous les papiers.

Cela consistait à écrire, minute par minute, ce qui s'était passé pour chaque militaire important. C'était un travail de compilation. Ça ne m'intéressait pas vraiment, mais on a fait ce travail en relation avec le procureur de la justice militaire… Faire le service militaire m'a ouvert beaucoup de voies. Quand on prenait des initiatives, l'armée était très utile. J'étais quand même dans un service du cabinet du ministre, dans le même bâtiment. On avait un chef de service qui était un type très bien, qui est âgé aujourd'hui, et général en retraite, mais qui a été un des plus jeunes compagnons de la Libération. Il a fait toutes les campagnes, il s'appelait le général Bourdis, c'était le second de Messmer, qui était commandant à Bir Hakeim en 1942 et ministre des Armées en 1960. Quand j'ai terminé ce travail, on m'a attribué la rédaction en chef d'un journal militaire, mais qui faisait de la politique. Il s'agissait de choisir des articles qui pouvaient intéresser les militaires et élargir leur horizon, ça a élargi le mien également. Et c'était intéressant. Vraiment, je n'ai pas eu à me plaindre de l'armée, et puis j'ai pu aider tous mes copains qui étaient en Algérie et les sortir de situations difficiles ou embarrassantes. J'ai vraiment gardé un bon souvenir de l'armée.

C'était l'époque où il y avait les réparations allemandes. J'ai refusé toute pension pour raisons de santé, parce que je considérais que je n'étais pas marqué par ce qui s'était passé, que ça ne m'avait pas rendu anormal. J'ai refusé les examens psychiatriques ou psychologiques qui pouvaient donner accès à cette pension allemande : je voulais faire mon service militaire pour être dans la normalité. Je dirais tout simplement parce que je ne me considérais pas personnellement victime.

C'était aussi en lien avec le fait de n'avoir pas combattu, ce que je regrette toujours. D'une certaine façon, j'aurais presque sacrifié dix ans pour être actif pendant la guerre. Oui, parce que c'était la lutte du bien contre le mal. C'était un combat facile sur le plan moral. Sur le plan de la survie ou de la mort, c'est un autre problème, mais en rêve, oui, j'aurais préféré être plus vieux de sept, huit ans. Donc, c'est vrai que les engagements que j'ai pris plus tard supposaient souvent d'aller dans la gueule du loup, parce que la gueule du loup, c'est là où il y a le danger. Mais moins de danger qu'à l'époque, alors j'avais la force d'assumer.

Beate

Pour aller en Allemagne, quand même, il faut l'amour, il faut une fille et, oui, je suis allé à Berlin en 1961. Quand je suis arrivé, c'était en décembre, le Mur était là, je suis même allé de l'autre côté, parce que les militaires avaient le droit de franchir sans contrôle des checkpoints. Beate, elle, quand elle était enfant, avait l'habitude d'aller entre les deux Berlins. C'est comme ça qu'elle avait nourri son sentiment d'être une Allemande, et pas une Allemande de l'Ouest ou de l'Est. Une Allemande.

Je l'ai rencontrée au mois de mai 1960, pratiquement le jour où Eichmann a été enlevé. C'était au métro Porte-de-Saint-Cloud, comme quoi, l'aventure est au coin de la rue ! J'allais à ma première réunion franco-allemande. Une réunion entre les bourses Zellidja [1], c'était mon cas, qui

1. En 1939, Jean Walter, un architecte qui avait fait fortune dans les mines de plomb en 1939, crée la fondation

dépendaient de l'Académie française, et la fondation du prince de Hanovre. Quand j'ai rencontré Beate, je lui ai parlé, et quand j'ai su qu'elle était allemande, je lui ai dit que le soir même j'allais à une réunion franco-allemande…

Que Beate soit allemande, ce n'était pas embêtant, mais en revanche, je me suis dit que je devais être sûr de moi avant de la présenter à ma mère. Donc, j'ai attendu un an avant de la présenter à ma sœur, puis à ma mère, et elle a été enchantée. Je crois que quand les mères voient une belle-fille potentielle, elles pensent à la manière dont elle va se conduire vis-à-vis de leur fils car c'est elle qui lui fermera les yeux. C'est forcément un jugement psychologique personnel, et ma sœur et ma mère ont toutes les deux eu une excellente opinion de Beate ; j'étais à peu près sûr de ne pas me tromper.

Beate a été une des rares qui a franchi le rideau de fer pour aller voir ma tante Lida, la sœur de ma mère, avant de se marier avec moi… Tante Lida a

---

Zellidja. Ayant lui-même fait un périple de six mille kilomètres à vélo jusqu'à Istanbul, jugeant que les voyages forment la jeunesse, il offre ainsi la possibilité pour des jeunes d'acquérir par le voyage des connaissances qui ne s'inculquent pas dans les études. Administrées par l'Académie française, ces bourses étaient soutenues par Jean Zay, alors ministre de l'Éducation nationale.

été enchantée, et a donné son accord. J'étais allé en Roumanie en 1959, j'avais renoué le lien pour la première fois avec ma famille, du côté de mon père comme du côté de ma mère. C'était très difficile d'avoir un visa, mais à Istanbul, je suis allé voir le consul roumain, je lui ai dit : « Écoutez, je vais partir l'année prochaine en Algérie, je risque de mourir, je voudrais revoir ma tante. » Il a eu pitié, il m'a donné un visa, et quand je suis arrivé en Roumanie, on m'a tout de suite arrêté : « Vous n'avez pas fait votre service militaire en Roumanie, pour nous, vous êtes roumain… » Il a fallu que je me dégage de cette histoire, et puis, j'ai revu ma tante. Par la suite, ma mère y est allée, chaque année, deux, trois fois. Moi aussi, d'ailleurs. J'allais voir mon autre tante en Russie, et puis mon oncle à Krasnodar [1], dans le Nord-Caucase, j'ai toujours maintenu les liens avec ma famille.

Dans ma famille, pas de préjugés concernant Beate. Alors que chez certains amis, il y en avait parce qu'elle était allemande et qu'elle n'était pas diplômée ; certains ont essayé de me dissuader de l'épouser. Mais moi j'étais tranquille, parce que j'avais ma mère, ma sœur et moi-même. Beate et

1. Krasnodar est une ville de l'ouest de la Russie, située à mille trois cents kilomètres au sud de Moscou.

moi, on est allés à la Madeleine, dans un petit restaurant russe, et une chiromancienne m'a proposé de regarder les lignes de mains. Je n'avais jamais fait ça avant, je ne l'ai jamais fait après. J'ai donné ma main et tout ce qu'elle m'a dit était juste. Elle m'a dit : « La femme qui est à côté de toi, on te dit de ne pas te marier avec elle. Tu dois te marier avec elle, parce que c'est la seule femme au monde avec qui tu peux être heureux. »

Les occultations de l'histoire officielle allemande

Pour notre premier rendez-vous avec Beate, nous sommes allés voir *Jamais le dimanche* de Jules Dassin avec Melina Mercouri et, au deuxième, je lui ai dit que j'étais juif. Elle savait que les Juifs avaient été victimes des Allemands, et c'est à peu près tout ce qu'elle savait. La conscience politique chez les Allemands est difficile à saisir, leur histoire est assez compliquée. Ça commence par l'histoire allemande. J'ai été un peu enseignant : je lui ai donné des articles pour qu'elle comprenne comment on en est arrivés au nazisme. J'ai aussi appris beaucoup en même temps qu'elle, parce que c'est difficile de partir de Frédéric Barberousse pour arriver jusqu'à Hitler et Adenauer. En France, puis quelques années plus tard en Israël, elle a été confrontée à la très mauvaise image de l'Allemagne. Contrairement à beaucoup d'Allemands de son âge, elle n'a jamais eu le moindre complexe de culpabilité. Pas le moindre, mais elle avait le sens de la responsabilité. Ce qui fait qu'elle a voulu changer l'image de l'Allemagne en bien. Lorsque Adenauer et de Gaulle ont créé l'Office franco-allemand pour la jeunesse (OFAJ) [1], elle a postulé pour être secrétaire, et elle a été acceptée.

Nous nous sommes mariés en novembre 1963, elle était déjà entrée à l'OFAJ un petit peu avant, immédiatement à la création. Ça devait être au printemps 1963 et, quelques années après, elle en a été révoquée. Le secrétaire général de l'office franco-allemand lui a exposé : « Vous avez écrit dans *Combat* que le fait pour l'Allemagne de s'être choisi un chancelier au passé nazi (le chancelier Kurt Kiesinger) est un danger pour l'Allemagne démocratique. » Bon, c'était très clair, elle avait signé de son nom, elle n'avait pas mis Office franco-allemand pour la jeunesse. Elle était une petite secrétaire, personne ne la connaissait, il n'y avait pas de raison de la révoquer. Je me suis retrouvé dans une situation terrible, parce que ça m'a rempli à la fois de rage et d'énergie. C'était le fait que j'étais le seul homme en France à avoir

1. L'OFAJ a été créé pour favoriser les échanges entre les jeunes de France et d'Allemagne.

une femme qui était française de nationalité, en même temps qu'allemande, qui était mise à la porte de son travail à Paris, parce qu'elle avait écrit qu'un nazi allemand avait été un nazi allemand, ce qui était vrai. Il y avait quelque chose qui ne tournait pas rond.

La première visite à Auschwitz

Beate et moi avons été mariés par le maire du 16e arrondissement, qui nous a dit : « Voilà, vous êtes le premier mariage franco-allemand que je célèbre et je vous demande d'être un exemple... » Alors on a fini par devenir un exemple.

Je pense sincèrement que notre mariage est une victoire contre le nazisme parce qu'il montre que ce qui est arrivé aurait pu ne pas advenir, et que l'avenir n'existe pas, l'avenir, c'est ce qu'on en fait. On ne peut plus changer ce qui est arrivé, mais on peut, d'une certaine façon, changer l'avenir. On peut essayer d'en faire autre chose... Il n'y avait pas de raison que Juifs et Allemands s'entre-tuent... Quand je pense à la cachette de notre appartement... Et à l'oncle de Beate, un très gentil monsieur, qui était à Nice en septembre 1943, mais comme soldat dans la Wehrmacht.

Début 1965, nous allions avoir un enfant. Je vais avoir un enfant et je ressens l'absence de mon père. Je décide de faire un pèlerinage, mais je ne pensais pas le faire à l'Est. J'ai commencé par aller au Centre de documentation juive contemporaine (CDJC) parce que j'avais des attaches avec le Mémorial du martyr juif inconnu, j'avais été à la pose de la première pierre et à l'inauguration. J'ai franchi la porte du Mémorial pour la première fois en 1965, et j'ai demandé à voir les documents. J'ai retrouvé un certain nombre d'éléments sur le transfert de mon père de Nice à Drancy. J'ai consulté tous les menus, tout ce qu'on mangeait à Drancy, pendant la période où il y était… J'ai vu les papiers de préparation du convoi par lequel il est parti… Alors j'ai continué, je savais par le Grec qui avait parlé à ma mère qu'il était allé à Fürstengrube [1], à la mine de Fürstengrube. Et qu'il y avait été parce que c'était un kommando très dur, et qu'il avait frappé un kapo. Le kapo l'a frappé d'abord et il a assommé le kapo en retour. C'était quelque chose d'inusité d'assommer un kapo ; il a été sévèrement battu, horriblement battu… On voulait le tuer ; il avait plaidé sa cause, en allemand, auprès d'un gradé qui passait… et on l'a envoyé à Fürstengrube.

1. Construit en septembre 1943 pour servir de camp de travail dans les mines de charbon, Fürstengrube était l'un

J'ai encore retrouvé un témoin, il y a quelques années, qui est toujours vivant. Il s'appelle M. Abitbol, il est juge au tribunal de commerce de Marseille et se souvient de la bagarre. Parce que mon père était grand, fort, il s'est battu. J'ai demandé au CDJC les documents qu'il y avait sur Fürstengrube, sur IG Farben [1], puisque c'est IG Farben qui dirigeait ces mines ; ils louaient les détenus aux SS. J'ai regardé les procès qui avaient été intentés aux dirigeants de l'industrie allemande, j'ai vu comment ils se défendaient, comment ils racontaient que, quand on leur disait : « Comment vous laissez travailler les gens par ce froid ? », ils répondaient : « Ah, je pensais qu'ils avaient des sous-vêtements chauds sous la défroque de déportés. » J'ai lu tout ça, et puis j'ai eu envie de partir,

---

des plus grands camps de concentration dépendants d'Auschwitz.

1. Fondé en 1925 comme groupement d'intérêt économique alliant les firmes BASF, Bayer et Agfa, IG Farben fabriquait des produits chimiques dont le gaz d'extermination : le Zyklon B. Ce groupement était héritier de la première IG Farben créée en 1905 et dans les usines de laquelle ont été produits les gaz de combat employés pendant la Première Guerre mondiale. IG Farben a financé le camp de Monowitz-Buna. Ses dirigeants ont été jugés en 1947 à Nuremberg et la firme fut démantelée en 1952.

d'aller plus loin, et plus loin, c'était aller à Auschwitz. Je voulais savoir ce qui s'était passé à Auschwitz. Aujourd'hui, les gens s'adressent au Mémorial par Internet. À l'époque, il y avait le rideau de fer, il n'y avait pas Yad Vashem [1], [le CDJC] existait mais on ne pouvait pas avoir des renseignements aussi facilement. Donc, j'ai décidé de partir pour Auschwitz qui était complètement coupé de l'Ouest. Je suis allé d'abord à Bucarest, et de Bucarest, je suis passé par la Russie, jusqu'à Auschwitz, en passant par Przemyśl et des tas de villes qui me sont aujourd'hui familières, et je suis arrivé.

À Auschwitz, il y avait du monde. Auschwitz 1 était un haut lieu du martyre des résistants polonais, c'était donc normal qu'il y ait du monde. Il y avait des Russes, des Polonais, mais je suis allé à pied à Birkenau, et là, il n'y avait personne. J'étais tout seul. J'ai eu une sorte de dialogue à travers le temps avec moi-même. J'ai eu le sentiment, la sensation, que j'étais arrivé à Auschwitz par le même convoi que mon père, parce que j'aurais dû y arriver. Les lieux m'ont fait tellement impression que j'ai comme senti que ce qui était arrivé aux

1. Yad Vashem, créé en 1957, est un mémorial israélien à la mémoire des victimes juives de la Shoah.

Juifs, les souffrances, ce n'est pas quelque chose qui avait disparu, mais qui continuait à travers le temps. Les Juifs qui étaient à Auschwitz continuaient à souffrir. Mon passé, à l'époque, me prédestinait à avoir la conscience de deux choses ; d'une part, qu'il fallait défendre Israël, l'État d'Israël. Que c'était extraordinaire que pendant dix-neuf siècles il n'y ait pas eu d'État juif, et que j'étais un Juif qui appartenait à une génération qui avait vu la résurrection d'un État juif indépendant. D'autre part, les Juifs avaient subi avec la Shoah, à l'époque on disait la « solution finale », une terrible épreuve, et que j'appartenais à une génération qui était contemporaine tant de la Shoah que de la résurrection de l'État d'Israël, et que ça impliquait de faire passer cela avant toute considération de carrière, de vie tranquille… Qu'on n'avait pas le droit, qu'il fallait. Je pensais que mon père aurait mieux fait de résister avant la guerre que de résister à Auschwitz. Que ça aurait été plus facile pour lui, et plus efficace. Donc, il fallait faire ce qui n'était pas fait. Je n'ai pas pensé aux criminels nazis ; je dirais franchement que j'ai pensé d'abord à Israël et aux Juifs persécutés, parce que les Juifs étaient encore persécutés. Aujourd'hui, ils ne sont persécutés nulle part ; en Iran, il y a eu des menaces, il y a deux ans, trois ans. Mais sinon, tous les Juifs sont en Occident maintenant, la Russie faisant aussi partie de l'Occident. Il n'y a plus de menaces sur les Juifs.

Volontaire pendant la guerre de 1967

En 1967, quand il y a eu la guerre, j'avais quitté l'ORTF [1], j'étais dans une firme de commerce de grains, une grande firme internationale, et avec un ami, qui avait aussi une conscience juive, Josy Fainas, on a décidé de partir pour Israël. Là non plus, on n'a pas fait comme la masse. La masse des gens allait à l'ambassade et disait : « Transportez-nous en Israël. » Nous, on s'est dit : s'il y a un danger, ils ne pourront pas nous transporter. Il n'y aura pas d'avion, donc il faut y aller par nos propres moyens. On a tout simplement pris notre billet chez Air France, et on est partis pour Israël. L'avion a été dévié sur Athènes parce qu'il y avait

1. Serge Klarsfeld a rejoint l'Office de radiodiffusion-télévision française (ORTF) en 1963 et a participé à la production d'émissions historiques. Critiquant son manque d'indépendance, il démissionne en 1966.

les combats aériens, et dans cet avion à moitié vide, il y avait trois volontaires en tout et pour tout. Le lendemain, un avion d'El Al est venu prendre les volontaires à l'aéroport d'Athènes, ils avaient gagné la bataille aérienne. Il y avait d'autres avions qui étaient arrivés entre-temps et on est partis pour Tel-Aviv. Ils n'avaient plus besoin de volontaires sauf pour les travaux civils, et moi, ils m'ont gardé comme correspondant de guerre, parce que j'avais montré la vieille carte de l'ORTF que j'avais conservée. J'ai pu aller tout de suite à Jérusalem, puis couvrir la campagne de Syrie, une heure derrière les troupes.

Je n'ai pas demandé à mon employeur à l'époque : « Est-ce que vous me laissez partir ? » J'ai dit : « Je pars, je reviendrai quand je reviendrai. » Mes idées passaient avant la firme et c'est un « crime » vis-à-vis d'une firme internationale que de dire : « Écoutez, je m'en balance de vous, il y a des choses plus importantes... » Une semaine après, je suis passé par la Roumanie pour laisser des messages, pour raconter ce qui s'était passé à la communauté juive. Puis je suis rentré à Paris : je n'ai pas été absent longtemps, huit jours, c'est tout. Mais c'était une initiative qui correspondait à ce que j'avais ressenti à Auschwitz-Birkenau. La veille de mon arrivée là-bas, j'étais dans un train à Przemyśl et à côté de mon train, il y en avait un autre avec des bestiaux qui beuglaient. Et ça me faisait penser aux Juifs dans les trains, à mon père, et surtout à l'image que les Allemands pouvaient avoir d'eux. Les bestiaux, comme il faut bien manger, on les tue même si c'est désagréable pour eux et pour nous. On les mène à l'abattoir. Les Juifs, pour le bien général, l'intérêt général, il fallait s'en débarrasser... Selon l'idéologie nazie, ils étaient nuisibles, et cela justifiait de les tuer. On m'avait appris que toute l'humanité pouvait tenir dans le lac Léman, eh bien, tout le peuple juif pouvait tenir dans les quelques hectares qu'il y avait à Birkenau. Birkenau est immense et tout petit en même temps, c'est un abattoir pour Juifs. Il y a une ligne de chemin de fer qui y mène, comme pour les bestiaux. Il faut une gare, il faut un lieu pour les rassembler avant, c'est très schématique : la « solution finale » m'est apparue dans toute sa simplicité. Et son horreur aussi, parce que je pensais et je pense toujours aux gens qui arrivaient. À ceux qui avaient leurs enfants. Qu'est-ce qu'on peut imaginer comme souffrance plus intense que celle de pères qui arrivent avec des enfants et qui les voient mourir, ou qui ne les voient peut-être pas mourir s'ils sont choisis, eux, pour vivre, mais qui apprennent le lendemain que leurs enfants sont morts. On ne peut pas imaginer quelque chose de pire. Subir une épreuve terrible quand on n'a pas de famille, c'est beaucoup moins grave que la douleur d'avoir perdu les siens. C'est tellement fort que ça réclame justice. Voilà ce que j'ai ressenti, mais il fallait aussi des circonstances, en l'occurrence le renvoi de Beate pour avoir dit que le chancelier avait un passé nazi. Simplement à l'époque, c'était peu compréhensible pour les gens, quand le général de Gaulle a fait de ce chancelier allemand – autrefois homme de liaison entre Goebbels et Ribbentrop –, grand-croix de la Légion d'honneur, c'était difficile pour l'opinion publique de comprendre. Et même pour les Allemands, c'était très difficile de comprendre qu'il fallait chasser les nazis de la direction des affaires de l'Allemagne. Mais nous, on a compris, instinctivement.

Auschwitz, c'est la fin de l'itinéraire de notre père, c'est important de savoir que même là-bas il a résisté, parce que les pères dirigent la vie des enfants, même s'ils sont absents. C'est comme cela. Si on aime beaucoup ses parents, si on aime beaucoup ses enfants, c'est une évidence que les pères guident les fils… Les parents ont une influence déterminante sur les enfants, qui deviennent à leur tour parents, et qui exercent souvent la même influence sur les leurs. Parfois, il y a des conflits de générations, mais chez les Juifs, je crois qu'il y en a moins que chez d'autres. Et puis j'ai eu une éducation qui, au fond, était très sage, classique. C'était vrai, le latin, le grec, c'était à l'abri du monde, quelques années de tranquillité intellectuelle, avec une éducation d'avant la guerre, avec des professeurs qui étaient d'avant-guerre aussi, et où on ne parlait jamais de la guerre. On parlait de la mythologie, des conflits entre Titus et Bérénice, mais pas de la guerre. Donc j'étais à l'abri, et en même temps, c'est vrai, avec une éducation classique, on dit : « À qui venge son père il n'est rien d'impossible [1]. »

---

1. « À qui venge son père il n'est rien d'impossible. Ton bras est invaincu, mais non pas invincible », Pierre Corneille, *Le Cid*, Acte II, scène 2, 1637.

Juif politique et franc-tireur

Toute mon énergie, quand elle a jailli, a été concentrée pour viser des buts simples mais avec une grande détermination, sans tenir compte des obstacles.

D'une certaine façon, je me juge aussi tel que je suis. Je ne suis pas juif parce qu'il y a eu la Shoah. J'aurais pu basculer comme Lustiger[1]… j'étais catholique pendant un certain temps, pendant quelques mois. Donc je ne suis pas juif, je suis juif politique, une sorte de franc-tireur. Le troupeau des Juifs, comme les éléphants, ce n'est pas péjoratif, est

1. Jean-Marie Lustiger (1926-2007), né Aron Lustiger, a été archevêque de Paris entre 1981 et 2005 et fait cardinal par le pape Jean-Paul II en 1983. Ses parents étaient des Juifs ashkénazes et sa mère est morte à Auschwitz. Né à Paris, réfugié à Orléans à partir de 1939, il choisit de se convertir au catholicisme durant la semaine sainte de 1940. Il est baptisé à la cathédrale d'Orléans, ainsi que sa sœur.

constitué des Juifs religieux qui avancent groupés, c'est le noyau du peuple juif. Moi je suis à la périphérie. Que ma fille soit juive ou pas, ça m'est totalement égal, mon fils n'est pas juif, ça ne fait rien. Il a fait l'armée en Israël, il parle hébreu, il n'est pas juif, il n'y a pas de raison de se convertir si on ne croit pas, donc il ne sera jamais juif officiellement.

Entre mes origines et celles de sa mère, il a choisi les miennes. Mais ce sont ses parents qui ont choisi aussi un peu pour lui, en le mettant dans un cadre de vie qui l'obligeait quasiment à être juif, on ne pouvait pas faire autrement. Je ne me sens pas particulièrement juif, même culturellement ; je suis un Français de droite, parce que j'ai reçu cette éducation, dans un lycée où il n'y avait que des agrégés qui nous donnaient une éducation d'avant-guerre. La culture juive, je ne l'ai pas. À Paris, il n'y avait pas de radio juive, de mes douze à dix-huit ans, j'étais complètement coupé des Juifs. Je n'ai pas lu les livres juifs. Si vous prenez des grands hommes de la communauté juive, ils sont juifs à 100 %, comme Ady Steg [1] ou

1. Adolphe Steg (1925-2021), dit « Ady Steg », était un professeur de médecine. Il a été notamment président de l'Union des étudiants juifs de France (UEJF) et président du CRIF de 1970 à 1974 et président de l'Alliance israélite universelle de 1985 à 2011.

Théo Klein [1], deux dirigeants exemplaires. Je suis juif amputé de deux tiers au moins du judaïsme. Mon fils, je le sens profondément juif de culture ; moi, je me sens profondément juif, je mène une action qui est juive, mais je ne suis pas réellement juif.

1. Théodore Klein (1920-2020) était avocat. Il a cofondé l'Union des étudiants juifs de France (UEJF) qu'il a présidée de 1945 à 1950 et a été président du CRIF de 1983 à 1989.

Ce que m'a transmis mon père

J'ai eu le sentiment que mon père m'avait donné une valise, dont je ne connaissais pas le contenu, et que désormais j'allais devoir la passer à mon fils. J'avais aussi l'impression que mon père ne connaissait pas trop lui-même le contenu de cette valise. Je ne sais toujours pas ce qu'il y a dans cette valise.

La valise, ce n'est pas une tradition juive, ce n'est pas quelque chose de juif qu'il m'a transmis, mais une certaine forme d'inconscience et de courage que j'ai transmis à mon fils, sans doute, et on verra par la suite ce que mon fils aura à transmettre à ses enfants, s'il en a. Encore qu'aujourd'hui, c'est difficile, il faut être optimiste pour mettre des enfants au monde… Mais j'ai ce sentiment qu'il m'a transmis quand même une valise au contenu assez imprécis, parce qu'il était juif sans être juif. Qu'est-ce qu'il a pu penser quand il était à Auschwitz ? Il mourait parce qu'il était juif. Mais en même temps est-ce qu'il se sentait juif ? Religieusement, il ne l'était pratiquement pas… Politiquement, peut-être oui. Culturellement, il l'était un peu plus que moi, parce qu'il avait davantage vécu dans la communauté juive. Mais il n'avait pas eu la Shoah quand il était petit, heureusement pour lui. C'est vrai que j'ai ce sentiment d'une valise au contenu qu'il faut passer. Il faut la passer en étant passeur, c'est-à-dire en courant des risques sinon on n'arrive pas à la passer. Les Juifs culturels et religieux arrivent à passer cette valise et c'est méritoire, sinon il n'y aurait pas de peuple juif. Je n'ai pas d'hostilité du tout à l'égard des Juifs religieux, ce sont eux qui véhiculent le judaïsme, peut-être auraient-ils mieux fait de judaïser le monde entier de l'époque, l'Empire romain… Ça aurait peut-être posé moins de problèmes que le christianisme.

Devenir père, sans père… Là c'est aussi l'inconscience d'avoir des enfants, souvent on les a sans réfléchir et sans penser à eux. C'est un problème de mettre au monde des enfants qui vont mourir un jour. Si on y réfléchit très sérieusement, on peut se poser la question : faut-il ou ne faut-il pas ? En tout cas, pour leur malheur ou leur bonheur, on en a eu deux. C'est pour notre bonheur certainement ; on a des enfants surtout pour se rassurer, pour des raisons égoïstes, avant tout.

J'ai très tôt parlé à mon fils Arno puis à ma fille Lida de mon histoire. Je pense que ça ne les a pas traumatisés parce qu'ils appartiennent à une génération où il y avait déjà la télé. Mais ils ont été conscients de cette histoire très tôt. Mon fils, lui, dès l'âge de trois ans partait avec ma femme et moi en expédition, il était déjà un militant aguerri. Le premier de nos militants.

Israël

Nous avons transmis à nos deux enfants un attachement à Israël parce que Beate était invitée, dans les années 1970, chaque année dans un kibboutz différent pendant les vacances. Pour elle, c'était des vacances, parce qu'elle n'avait pas à faire la cuisine au kibboutz, que le kibboutz, c'est quand même un des endroits d'Israël les plus sympathiques. Ils ont aimé Israël et ils y sont très attachés.

J'étais conscient des origines que nous avions. J'ai pu approfondir mes connaissances en parlant avec ma tante à Leningrad, avec l'autre tante à Bucarest, avec un oncle et des cousins en Amérique du Sud, mais je savais très bien depuis toujours d'où je venais : de familles bourgeoises, assimilées, cosmopolites plus qu'assimilées, des familles qui regardaient vers l'Occident et qui n'étaient pas religieuses. Ça, je le savais.

J'ai fait des démarches pour aller voir mon oncle à Krasnodar ; il fallait faire un détour considérable, obtenir des visas, c'était une approche volontariste. Je n'allais pas voir un oncle dans des conditions difficiles sans maintenir le lien, sans le rétablir avec ma mère, sans donner la possibilité qu'il aille voir son autre sœur à Leningrad, que ma mère aille les rejoindre, que la famille soit réunie de nouveau. Ça, ça me paraissait tout à fait logique. J'ai tout à fait le sens de la famille, heureusement c'est très important la famille, surtout si ce sont des gens gentils, ce qui était le cas de ma famille. J'ai donc maintenu le lien.

La découverte d'une nouvelle famille

Il y a aussi eu la découverte de mes deux demi-frères. Je me suis dit : mon père au moins a bien vécu, mais ça, je le savais par ma mère. S'il avait été un saint, il aurait été d'une fidélité exemplaire. Mais il n'était pas un saint. Il est mort avant d'avoir quarante ans, alors je n'ai rien à lui reprocher. Ma mère pouvait peut-être le lui reprocher, mais elle ne le faisait pas. L'existence des deux autres enfants de mon père, elle ne l'a pas su parce qu'elle est morte avant. Le fait que mon père se survive, que l'un de ses autres fils ait plusieurs petits-enfants me fait plaisir ; on a eu tout de suite d'excellentes relations. La première chose qu'on a faite, c'est de se réunir à Nice, chez lui, les quatre enfants. On peut dire avec ma sœur qu'on a été ravis de cette nouvelle famille. Je pense que, dans l'association des Fils et Filles [1], où il y a tellement

1. L'association des Fils et Filles de déportés a été créée en 1979 et est présidée par Serge et Beate Klarsfeld. Conçue

d'orphelins, tous prendraient ça avec joie. J'étais le seul, vous voyez, à trouver plusieurs frères.

Je pense à lui, la nuit. J'ai gardé le lien avec lui, mais c'est un lien direct, sans passer par un rituel religieux.

Témoigner aujourd'hui, c'est une façon de le perpétuer, parce que, un jour, je ne sais pas, au XXIIe siècle, on regardera peut-être notre entretien dans une émission consacrée au rôle du père : parler, c'est une façon de le faire vivre, de raconter cette histoire, et il n'y a pas de raison de ne pas la raconter.

Ça ne me demande pas d'effort, parce que je considère que c'est naturel de témoigner. Mais à l'époque, dans les années 1950, si on m'avait proposé de témoigner, j'aurais trouvé ça étonnant. Témoigner de quoi ? Aujourd'hui, c'est différent. C'est entré dans l'Histoire, chaque survivant a une histoire à raconter. En même temps, la « solution finale », c'est une fresque qui comporte l'histoire de ceux qui ont survécu, de ceux qui ont péri. Il

---

pour faire valoir les droits des descendants des déportés juifs de France pendant la Seconde Guerre mondiale, elle regroupe environ deux mille membres. Elle recherche, rassemble et diffuse des informations sur la Shoah en France. Elle a dès son origine été très active dans la recherche des responsables, leur arrestation et leur jugement.

faut avoir le plus d'éléments possible pour que les historiens arrivent à reconstituer cette fresque, à dégager des vérités générales. Il y a eu un temps où la majorité des Juifs avec qui je parlais me disaient : « Les concierges m'ont dénoncé… » Aujourd'hui, ça a changé, mais il a fallu des dizaines d'années pour leur faire comprendre que c'était le recensement qui les avait menés à l'arrestation. Beaucoup avaient transposé leur ressentiment envers la France de Vichy en ressentiment envers les Français. Il a fallu que je me batte au sein de l'association pour leur faire comprendre que s'ils étaient vivants, c'est parce que les Français leur avaient tendu la main. Ils ont fini par le comprendre. C'est maintenant une évidence, alors qu'il y a trente ans, quand j'écrivais que le meilleur rempart des Juifs, c'était l'environnement humain, ce n'était pas accepté… Je me bats encore aujourd'hui pour dire qu'il y a eu très peu de dénonciations… Ce n'est pas facile à admettre, mais c'est comme ça.

Quelques photos

Le document date certainement de novembre ou décembre 1943.

Il s'agit de la liste des Juifs roumains qu'en principe Klaus Barbie devait rapatrier de Lyon vers la Roumanie. Nous sommes dedans : « Klarsfeld Raïssa et ses enfants. » Je ne sais pas si nous aurions été arrêtés ou rapatriés, mais en tout cas, nous ne sommes pas allés au rendez-vous. Quarante ans plus tard, c'est nous qui l'avons ramené, lui, sur les lieux de ses crimes.

10/26

mub 34. GROSSMANN Georges — Padureni (Roumanie) 14.4.1918 — 311054

mub 35. GLUCKMAN Smil — Galatzi 31.3.1905 — 185653

mub. 36. GOLDENSTEIN Mordis — Chisinau 10.4.1882 — 211817
et son épouse Sara — Thigina 25. 5. 1891

mub. 37. GROSWALD Moise — Aiud (Roumanie) = 10.5.1893 — 783597
et son épouse Roza — Jassy 5.V.1894 — 806871

6812 m 2agen 38. GRUNBERG Sabina — Radauți 9.3.1902 — 240892

mub. 39. HERSCOVICI Jean — Bucarest 19.5.1910 — 306813
son épouse — " 2.I.1911
ses enfants Armand né en 1939 et Eve 1941

mub. 40. HERSCOVICI N.M. — Negresti (Vaslui) 4.12.1897

mub. 41. HOROVITZ Eva — Timisoara 9.7.1915 — 314763

mub. 42. HALASZ Alexandru — Nyirnator 29.10.1915 — 299168

mub. 43. HALFIN Lipa — Balti 17.8.1901 — 212291
et son épouse Ana — Balti 24.12.1904 — 178256

mub 44. HELLER Margareta — Bucarest 24.7.1902 — 262002

mub 45. HORER Laja — Piotrkow 28.5.1905
et sa fille Suzanne — Paris 1938

mub 46. HAIZINHENDELER Ihil — Jassy 1.8.1903 — 254326

7891 gen. 47. HEGEDUS Francisc — Cristur (Roumanie) 31.I.1897 — 240401
7892 – et son épouse Magdalena — Timisoara 10.2.1907 — 240402

mub 48. IZOLIS Marcel — Vatra-Dornei (Roumanie) 17.8.1906 — 034718

mub 49. JANCOVICI M. — Podul Turcului 17.7.1866 — 262801
et sa famille

mub 50. JANCU Lupu — Dorohoi 14.5.1909 — 050274

mub 51. ISCOVICI Aizic — Braila 6.8.1891 — 254424
et son épouse Sarah 1897
sa fielle Danubia — 26.8.1920 — 259821

mub 52. KUNSTEER Emeric — Arad 19.2.1920 — 255871

mub. 53. KARA Dionisie — Deva 22.4.1919 — 297512

mub 54. KATZ Raoul Felix — Bucarest 21I.1918 — 308959

mub 55. KORNIS Ernest — TIMISOARA 24.6.1919

mub 56. KLARSFELD Raissa et ses enfants

Nous sommes devant le 15, rue d'Italie, à Nice, où nous vivions à l'époque. C'est là que mon père et son ami ont été arrêtés.

En 1975, une plaque commémorative à leur mémoire a été inaugurée. Sur la photo, on voit Jacques Médecin, maire de la ville, le préfet, ma mère, mon fils et moi.

La plaque stipule : « Combat M.N.P.G.D., en hommage à Paul Dussour et Arno Klarsfeld, héros de la Résistance ». Il s'agit de l'acronyme du mouvement de résistance de François Mitterrand, Mouvement national des prisonniers de guerre et déportés.

Le nom de mon père figure aussi au mur du Mémorial de la Shoah, à Paris, cette fois non pas en tant que résistant mais en tant que Juif. Le problème c'est que les Allemands, quand ils arrêtaient une personne juive, ne se souciaient pas de savoir si elle était également résistante. Mon père est donc bien mort comme Juif.

COMBAT MNRPGD
EN HOMMAGE A
PAUL DUSSOUR
ET
ARNO KLARSFELD
HEROS DE LA RESISTANCE
ARRETES DANS CET IMMEUBLE
MORTS EN DEPORTATION
15
AGENCE
TRANSACTIONS IMMO
COMMERC

Il s'agit d'une lettre au maréchal Pétain écrite le 26 mai 1941 par mon père. Il venait de rentrer, après avoir été démobilisé à Montpellier. Je ne sais pas comment il était arrivé jusque-là.

Il demande au maréchal du travail et se plaint qu'en tant que prisonnier évadé, il n'ait pas reçu de réponse à sa précédente lettre. À la grande surprise de mon père, il a obtenu cette fois une réponse disant : « Vous êtes invité à vous présenter au directeur de l'Office départemental du travail. » C'était un emploi à Guéret, au Commissariat à la lutte contre le chômage. Le Maréchal n'est donc pas resté insensible au courrier de mon père, précisons toutefois qu'il n'y indiquait pas être juif… Pétain faisait en sorte d'avoir une clientèle, même s'il n'y avait pas d'élections.

Travail

emploi Démobilisé

Vu 13 Sept. 40

ENVOYÉ PAR LE MARÉCHAL

OFFICE DÉPARTEMENT… ARRIVÉE 8079

Montpellier le 26 Mai 1941

SECRÉTARIAT D'ÉTAT
– 2 JUIN 1941
AU TRAVAIL

2

Monsieur le Maréchal,

Prisonnier évadé du Frontstalag 200, je me suis permis de vous écrire de ma démobilisation effectuée à Montpellier le 29 Mars dernier. Dans cette lettre je vous faisais un état complet de ma situation personnelle et je ne vous cachais pas le grand besoin que j'avais de trouver le plus rapidement possible du travail. Quinze jours après j'ai reçu la visite d'un brigadier de gendarmerie, venu me demander des renseignements que je me suis empressé de lui fournir. Comme depuis je n'ai rien reçu, je suis à me demander si c'est bien au sujet de ma lettre qu'il est venu.

J'ai su par les journaux toute la sollicitude que vous réservez aux prisonniers, c'est pourquoi je me permets, Monsieur le Maréchal, de rappeler ma lettre du 9 Avril à votre bienveillante attention en vous demandant de croire à mes sentiments respectueux et dévoués.

Arno Klarsfeld

Klarsfeld Arno
chez Mr Toulas
1 Route de Toulouse
Montpellier
Hérault.

Vous êtes invité à vous présenter au Sce de l'Office Départemental du Travail 29 Rue Foch à Montpellier la présente tenant lieu de lettre d'introduction

Montpellier le 9 Juin 1941

LE DIRECTEUR DE L'OFFICE DÉPARTEMENTAL DU TRAVAIL

Ce document, ma mère l'a obtenu de l'Église luthérienne quand elle essayait de sauver mon père en montrant qu'il avait été baptisé. Elle arguait que le registre avait brûlé au cours de la guerre, en 1917 ou 1918. Mon père n'était alors pas encore parti ; malheureusement, le temps de l'envoyer, c'était déjà trop tard.

Cela fait partie des démarches qu'a tentées ma mère pour sortir mon père de Drancy. Il est parti trop vite, il aurait peut-être pu y échapper, mais qui sait ? Il est parti trop vite…

EGLISE ÉVANGÉLIQUE LUTHÉRIENNE DE FRANCE, A PARIS

Pour le département de la Seine et les départements circonvoisins

ÉGLISE DE Nice

EXTRAIT DU REGISTRE DES BAPTÊMES ______ FOLIO ______

L'an mil neuf cent cinq, le 10 mars

a été baptisé au nom du Père, du Fils et du Saint Esprit

Klarsfeld Arno

né à Braïla, le 20 janvier 1905.

Fils de Klarsfeld Salmon

et Abramoff Sophie

Parrain

Marraine

lesquels ont signé l'acte avec Mr Heinrich Wagner Pasteur officiant qui a certifié que les registres de 1892 à 1918 ont été brûlés au cours de guerre en 1916-1918

Je soussigné, l'un des Pasteurs de l'Église évangélique luthérienne, à Paris,

~~Certifie l'Extrait ci-dessus conforme aux mentions du registre des Baptêmes.~~

~~Paris~~ Nice, le 20 Octobre 1943

ACTA PASTORALIA ECCLESIÆ PARISIENSIS. CONFESSIO AVGVSTANA

Église Évangélique Luthérienne de France

B. Vienney

M. B. et Cie - 2.000 - 4-43

Cette liste est celle du transfert de Juifs de Nice vers Drancy. Mon père y figure comme Tristan Bernard, qui se trouve ici avec sa femme – heureusement pour lui, grâce à Sacha Guitry, il n'a pas été déporté. J'avais un camarade de classe, Francis Veber, qui était le petit-neveu de Tristan Bernard.

Dans cette liste établie à Drancy, mon père fait partie de l'escalier 16, de la chambre n° 3, et son voisin de paillasse, c'est Raymond Raoul Lambert, qui fut un très courageux président de l'UGIF de la zone sud. Il a été déporté avec sa femme et ses quatre enfants. Son journal montre qu'il aurait pu évacuer sa femme et ses quatre enfants vers la Suisse ou vers ailleurs, mais il a préféré prendre le risque de les garder avec lui. Il voulait partager les mêmes dangers que les Juifs moins riches que lui, ou qui avaient moins de possibilités de se sauver.

Transfert de Nice à Drancy

CONVOI DU 2 OCTOBRE 1943 - 82 personnes

1)	ADDA Isaac	1.10.58	Alger	Hôtel Windsor, Cannes
2)	", née Abou, Henriette	27.7.70	"	"
3)	ADLER, née Rosenthal, Malca Amélie	7.8.73	Grasny	"
4)	ALTERSOHN Jean	14.1.92	Bucarest	Av. Mal Galliéni "
5)	ALTMANN, née Braun, Kqroline	25.12.69	Oedenburg	13, rue d'Italie
6)	BALCKE Margarete	13.2.08	Berlin	Hôtel Mont-Blanc
7)	BALIN, née Rais, Anna	18.9.92	Kiev	Hôtel Windsor
8)	BERGER Ferdinand	10.12.70	Zurich	7, av. Juvénal
9)	", née Lennel, Clara	24.5.74	"	"
10)	BERGMANN Samuel	18.2.04	Przeworsk	13, rue d'Italie
11)	BERNARD Paulgen: TRISTAN-BERNARD	7.9.66	Besançon	Cannes
12)	BERNARD, née Reiss, Marcelle	29.2.76	Paris	"
13)	BERTHIER Georges	15.4.76	Mulau	Villa Gentil, Cannet
14)	BRACH, née Sourdis, Dina	7.8.65	Port-Malay	
15)	DURLACHER Renée	9.5.86	Paris	Hôtel Montana, Cannes
16)	EINE, née Lubel, Hélène	28.4.99	Varsovie	Hôtel National
17)	ESKENAZI David	7.5.14	Istamboul	37, rue Dabray
18)	FACHETTE, née Futerko, Léa	11.4.93	Dombrova	6, av. Chateau-de-la-Tour
19)	FUTERKO Chana	15.10.94	Habravagos	"
20)	GLASER Mejlsch	5.12.94	Varsovie	13, rue d'Italie
21)	" Jean	17.1.26	Paris	"
22)	GOETZ Frédéric	15.5.88	Strasbourg	15, rue d'Italie
23)	", née Saherer, Jeanne	6.2.98	"	"
24)	" Lucien	1.11.19	"	26, rue Léoante
25)	SAHERER Yvonne	20.8.24	"	15, rue d'Italie
26)	GOETZ Marguerite	25.1.33	Strasbourg	"
27)	HALFF François	4.9.70	Haguenau	Hôtel Windsor, Cannes
28)	", née Kaufmann, Rosa	20.8.80	"	"
29)	HESKIA Michel	1.10.92	Bucarest	2, bd. de Cimiez
30)	", née Weiss, Rosa	19.2.97	"	"
31)	" Hélène	7.1.23	Paris	"
32)	" Robert	18.10.29	"	"
33)	ISSELSON Sioma	23.3.90	Odessa	11, av. des Fleurs
34)	", née Martin, Irène	24.7.06	Beyrouth	"
35)	KLARSFELF Arno	20.1.05	Braila	15, rue d'Italie
36)	KUPERBERG Marie	4.4.24	Paris	5, r. St. François-de-Paul
37)	LEDUC Gabriel	6.12.05	Woomudt	11, route de Lyon
38)	LEVY Hortense	11.6.64	Hannover	Hôtel Windsor, Cannes
39)	LICHTWITZ Georges	2.10.90	Bordeaux	2, rue Alphonse-Karr
40)	MACZNIK Jacob	4.12.05	Lodz	352, bd. de la Madeleine
41)	", née Miedzinska, Stella	6.2.99	"	"
42)	MATHIS Paul-Emile	16.7.07	Nilange	3, rue Paganini
43)	MERZBACH Mathilde	7.1.14	Paris	Hôtel Montana, Cannes
44)	MICHELSON Heine	10.1.05	Berlin	107, rue du Piol
45)	MIEDZINSKA Fanny	3.5.02	Lodz	352, bd. de la Madeleine

Voici mes deux grands-pères, Slomon Klarsfeld et Gersch Strimban.

Strimban, ce n'est pas un nom très juif. Klarsfeld non plus. Il n'y a qu'une seule famille Klarsfeld au monde. Quand mes aïeux ont choisi leurs noms, au milieu du XIXe siècle, ils ont pris un nom un peu particulier.

Voici mon père et ma mère en voyage de noces, à Nice, en février 1929. Ma mère m'a raconté qu'il neigeait à Nice quand ils y sont allés. Ici, la neige a disparu, il y a du soleil. C'est un temps heureux.

Mon père Arno pendant les classes à Barcarès, près de Perpignan, dans le sud de la France. C'est là où se formaient les volontaires étrangers. Ensuite, ce sont des Juifs qui y ont été internés, et parmi eux, certainement des volontaires étrangers, anciens du Barcarès.

Voici ma mère, élégante, devant la maison de sa famille à Cahül, en Bessarabie. C'était une jeune femme à la mode.

Quatorze ans après le voyage de noces de mes parents, à Nice, mon père, ma mère, ma sœur aînée et moi, quelque temps avant l'entrée des Allemands à Nice.

C'est la seule photo où nous sommes tous les quatre. Vous voyez la cigarette comme on ne la porte presque plus aujourd'hui.

C'est encore la zone italienne, les Juifs se promènent librement. Ça a duré neuf mois, neuf mois paisibles. Cette situation a rendu les Allemands furieux. Ils disaient : « Les Juives se promènent aux bras des officiers italiens. On ne peut rien faire, on ne peut pas les arrêter ! Quelle horreur, quelle inadmissible situation ! » Malheureusement tout a changé quelques jours après.

C'est une photo qui a probablement été prise le jour où mon père est revenu de la guerre, après s'être évadé. C'est donc un jour heureux au château du Masgelier, le centre de l'OSE. Pour nous, l'arrivée de notre père, c'est la promesse de quitter le château pour repartir vivre au sein de notre famille. Nous sommes heureux.

Nous étions des super privilégiés par rapport aux autres enfants qui n'avaient pas leurs parents. Nous, tout d'un coup, nous avions nos deux parents à côté de nous.

Sur cette photo, on dirait que mon père me transmet quelque chose. Je tiens son chapeau dans les mains, mais ce que je retiens, c'est la transmission. Comme s'il m'avait donné une valise à conserver, mais dont j'ignorerais le contenu.

La photo a été prise au Grand-Bourg, dans la Creuse, là où mon père a rejoint ma mère. Les Creusois ont toujours été sympathiques avec les persécutés. C'est un des départements les plus républicains qui soient.

CAFÉ Chez LUCIE BAR

Voici un soldat allemand, mais ce n'est pas n'importe lequel : c'est le père de Beate. J'ai peu connu mon beau-père parce qu'il est mort assez rapidement après notre mariage. Il n'était pas ravi d'avoir un gendre juif. Il n'était pas très heureux parce que sa fille, au lieu de vivre à Berlin, allait du coup vivre à Paris. Il n'a pas montré d'hostilité à mon égard. Et je ne lui en ai pas trop montré. C'étaient des gens qui, comme dit ma femme, n'avaient « rien appris et rien oublié ». Ils pensaient à leur propre sort et ne se préoccupaient que peu du sort des victimes du nazisme.

Je parlais avec lui. Il m'a raconté ce qu'il faisait, il n'avait qu'une idée pendant la guerre, c'était d'échapper au danger. Il était malade de l'estomac donc il a repris une activité sédentaire à Berlin, et a été fait prisonnier par les Anglais. Il n'a pas eu trop de problèmes. Il a fait d'abord la campagne de France, et ensuite, il était à l'Est, mais pas longtemps.

Je n'ai pas l'impression que le récit de ma propre histoire éveillait quelque chose en lui. C'était plutôt gênant pour lui de montrer une solidarité qu'il n'avait sans doute pas éprouvée à l'époque.

C'est le jour de nos noces à Beate et moi, un jour heureux à la mairie du 16ᵉ arrondissement. On a déjeuné en famille, et le soir on est partis en voyage, à Munich. J'avais choisi cette ville parce que c'était une des grandes villes d'art que je ne connaissais pas. Il y a un superbe musée de peinture, un superbe musée de sculpture, des châteaux. C'est malgré tout un des phares de la civilisation.

Beate et moi, avec notre fils Arno.

Chronologie

Novembre 1931 : Naissance de Georgette, sœur aînée de Serge Klarsfeld.

17 septembre 1935 à Bucarest (Roumanie) : Naissance à Paris de Serge, fils d'Arno (né en 1905, à Braïla, Roumanie) et de Raïssa (né en 1904, à Cahül, Bessarabie).

1920 : Arrivée de Raïssa à Paris.

1924 : Arrivée d'Arno à Paris.

Février 1929 : Mariage d'Arno et de Raïssa.

1937 : Arno demande la naturalisation française pour Raïssa, Serge et lui.

1940 : Arno s'engage comme volontaire dans le 22e régiment de la Légion étrangère.

1941 : Arrivée dans la Creuse de Raïssa et de ses deux enfants. Georgette et Serge vivent au château du Masgelier, maison d'enfants de l'OSE.

Printemps 1941 : Évasion d'Arno et retour auprès de sa famille.

26 mai 1941 : Arno écrit une lettre à Pétain. La famille déménage à Guéret.

Octobre 1941 : Arrivée de la famille à Nice.

26 et 27 août 1942 : Rafle de 610 Juifs étrangers à Nice par la police française.

11 novembre 1942 : Les Italiens occupent Nice.

Janvier 1943 : Arno participe au mouvement de résistance Combat.

8 septembre 1943 : Les Allemands prennent le contrôle de Nice après la signature de l'armistice entre l'Italie et les Alliés.

30 septembre 43 : Arrestation d'Arno au domicile familial, 15, rue d'Italie.

2 octobre 1943 : Transfert d'Arno de Nice à Drancy.

28 octobre 1943 : Départ d'Arno dans le convoi n° 61 vers Auschwitz.

Février 1944 : Raïssa quitte Nice pour la Haute-Loire avec Georgette et Serge.

Octobre 1944 : Retour à Paris.

1945 : Scolarisation à l'école Maïmonide, à Boulogne-Billancourt.

1946 : Départ de la famille pour la Roumanie.

1947 : Retour en France.

1953 : Premier voyage en Israël.

Mai 1960 : Rencontre de Beate Künzel.

1961 : Premier voyage à Berlin.

1963 : Mariage avec Beate. Leurs deux enfants deviendront également avocats.

1965 : Naissance d'Arno Klarsfeld.

1965 : Visite d'Auschwitz.

1973 : Naissance de Lida Klarsfeld.

1978 : Publication du *Mémorial de la déportation des Juifs de France.*

1979 : Création de l'association Fils et filles de déportés juifs de France (FFDJF).

1981 : Mort à Nice de Raïssa.

2015 : Publication, avec Beate, de leurs *Mémoires.*

Table

Table

Cet ouvrage a été mis en pages par

<pixellence>

Achevé d'imprimer en mai 2024
par Normandie Roto Impression s.a.s.
61250 Lonrai
N° d'impression : 2401696
N° d'édition : 634543-0
Dépôt légal : mai 2024

Imprimé en France